霊術家の黄金時代

井村 宏次

BNP
ビイング・ネット・プレス

序

大宮司朗

本書は井村宏次兄が霊術家とその背景を紹介した名著『霊術家の饗宴』（一九八四）を出版の後、『歴史読本』『Ａｚ（アズ）』などの雑誌に掲載したものをとりまとめたものである。

井村兄は大阪十三生まれ。幼少の頃、路上で、山伏が毛糸の編み針ほどの太さのある針を二の腕に突きたてたり、こよりで岩をひょいと持ち上げたりするのを見て、その不可思議な術と、山伏の自信に満ち、人々を引き付け、子供はおろか大人すら異様に興奮させるパフォーマンスに衝撃を受ける。

小さいころというのは、子供というだけで、自分の意志を通せず、なにもかもが、親とか周囲の環境によって制約される（もっとも人によっては大人になっても同じであるが）。それに抵抗しようにも小さな子供ではなにもできない。そうしたことを強く意識する子供と意識しない子供がいるが、兄は前者であった。

幼少の頃に人生が自分の思いのままに必ずしもならないということ、本来自由自在であるべき霊性を保有しているはずの自分が自在でないということに気づき始めた兄は、山伏のパフォーマンスに超人の幻影を見て、それに憧れ、そこになにか隠されている秘密の力があるのなら、それを探りたいと考えるようになった。

そして外界を自在に繰る方法はと模索しているうちに、中学生になって、広義の霊術とでもいうべき、催眠術に出会う。しかし、その教伝書を全巻購入するお金が子供であるため都合できず、制約されている小さな自分というものをますます意識づけられただけで、はかなくも一旦は超人への夢は挫折したのである。

私なども、霊術や神仙道などに心を向けたのは、この世界において、さまざまなものによって制約せられている自分から脱却し、一切のものから自由自在でありたいと願ったからであり、それは兄と同様に一種の超人願望であったかと思う。

もっとも私の場合には、兄よりは環境的に恵まれており、身近に霊術を実践する人もおり、またそうした書物も読める環境にもあったために、催眠術なども小学生の頃に覚えて、人間は勿論動物などにもかけ、人にも教えていたものだ。

さて兄は、明治以降に出現した霊術を、「おのれの思いを遂げるために、逼塞を迫る外界の圧力を超常的な方法でうちやぶるための、さまざまな方法群」と定義付けられるとしているが、まさに兄にとっても私にとっても、霊術はみずからの逼塞を破る手段としてそこに存在していたのである。

時が立ち、兄は立命館大学法学部に入学したが、その頃から再び、超人への夢を描きはじめ、超心理学やその周辺の分野に興味を持つ。そして、卒業後一旦は商社に入社、三年の間勤務するものの職を辞し、神秘的な気の運行する経絡が治療に用いられている鍼灸を学ぶために明治東洋医学院鍼灸学科に入る。その後、鍼灸を学ぶために入門してきた外国人の育成や、自らの研究のために原書を読む必要などを感じて、関西外国語短期大学英米語学科に入り、語学力を磨いたのである。

こうして昭和四七年に「生体エネルギー研究所」を大阪は天下茶屋の地に設立し、実験を重ね、気やサイ現象を研究、特にキルリアン写真の分野では際立った成果をあげる。また、「日本伝統鍼灸国際センター」を主宰し、病に悩む人々の治療にあたるとともに、内外に多くの治療家を育て、東京池袋の西武コミュニティーカレッジや大阪千里のよみうり文化センターなどのカルチャー・スクールで気やサイ科学などを講義していた。これらの成果は『サイ・テクノロジー』（一九八四）、『気の医学』

（一九八八）等の著作となって続々と発表されていった。

海外の超心理学の研究状況や伝統医学を紹介することにも力を注ぎ、『パラサイコロジー』（一九八六）や『チベット医学入門』（一九九一）などの多数の翻訳書を刊行、さらに超能力者カレン・ボハナン女史、ダウザーのビル・コックス氏を日本に招請し、講演・実験を行った。

一方、アート・フォトグラファー、音楽評論家（クラシック・ロック・エスニック）、アート評論家としても活動し、多くの写真集や音楽作品を世に問うている。

平成三年には研究所を西天満に移し、治療と研究、撮影・作曲に邁進していた。

またそればかりではなく、これまでだれもなしてこなかった特殊な分野にも目を向け、日本人の精神に深く根ざしている神秘に対する強い衝動を史的展望に立って研究した。かつて出版されて大評価を得た『霊術家の饗宴』とか、本書はその成果の一つである。

兄は『霊術家の饗宴』以後の研究を多くの雑誌に発表しており、それをまとめた本を早く出してくれとは、出版社と兄に対する、私のみならず多くの人のだいぶ前からの希望であった。だが兄は雑誌に発表したものをまとめて新たに一冊の本にするのなら、訂正したいところもあるし、また新稿も書き加えたいとして、その出版が延び延びとなってしまっていた。

ということで、今回ようやく出版されるわけであるから、当然本書は、手直しがなされ、また著書の新稿が入り、著者が願うところの理想的な書にできあがっていると書きたいところではある。ところが、著者の井村兄は本書に手を入れる前に、私たちとは顕幽境を異にすることとなってしまった。兄は手を入れることができず心残りであったろうし、私たちにとっても残念なことであるが、しかしそうではあっても本書に収められた内容は、時代の変化にもかかわらず、依然として輝きを放ち、今もなお新鮮な驚きと発見を見るものに与えてくれることだろう。

思い起こすと、井村兄と知り合ったのは、三〇年以上前のことである。兄が『迷宮』という季刊雑誌に『霊術家の饗宴』のもととなる記事を連載しているころ、『迷宮』の編集長であり、のち『出口王仁三郎の霊界からの警告』などを著した八幡書店・武田崇元社長の紹介によってであった。

当時、兄は霊術や古神道の本で足の踏み場もない私の家に泊まって一晩語り明かしたようなこともあったが、最近は、兄との交流は年賀状の挨拶が主で、その近況は本書を出版するＢＮＰ出版の野村社長から聞くくらいであった。だが、最近あまり身体の調子がよくないとのことであった。

もともと井村兄は若いころから執筆や研究を始めると、江戸時代の国学者平田篤胤に似て、何時寝るかわからないようなありさまであった。しかも、チェーンスモーカーで、食べるものをあまり食べず、口にするものといったら、コーヒーだけということもあるほどで、あまり健康に気を使っていない生活である。とはいえ名治療家である。病気になっても、病気になったほうが様々な治療法が試せると、自分を研究材料にしているほどである。平気なのかもしれない。しかし、若いときとは違う。いささか心配であった。

そして、その不安が現実のものとなってしまう。オーラの研究とか、予言とか、鍼による霊能開発とか、また本書のテーマである霊術史研究という特殊な分野において、だれもおいそれとは追随することができないほどの成果をあげてきた兄、まことに惜しい人物が私たちの前から忽然といなくなってしまったのである。

ちなみに、旧著『霊術家の饗宴』において、兄は次のように記している。

霊術家――民衆の苦しみを超常的な術によって救おうと企図した人々、そのひとびとは宗教家でも医家でもなかった。おおくは病気治しにその術を実践し、明治三〇年ごろから活動をはじめ昭和五年ごろに、その数は推定三万人にのぼったという。……しかし、今日、霊術家という言葉が死語になっているという事実をみれば、かれらの運命は自明である。

霊術家は絶滅したのか。

こたえはイエスでありノーである。現代にその直系の人々は存在しないが、別な形でしっかりと生きている。かれらを支えるのは民衆のパワー、それがあるかぎり、社会は非合理を黙認しつづけるであろう。そしていまも霊術家精神を実践する人々と、その術を享受する民衆、つまりわれわれ日本人がいる。日常のなかに入りこんだ非日常の精神史、この空白の精神史には、香具師、修験、催眠術師、心霊家、精神運動家、そして霊術家，といった人々の喜びと悲しみと怒りと涙がおりこまれているのである。

私はこの精神史を、幾人かの数奇な運命をたどった明治人のなかにみていこうとおもう。そして、最後に現代にもしかと織りこまれている霊術家精神を検証することにしよう。

それは、過去への鎮魂であるとともに、いま生きるわれわれの足元を照射する作業なのだ。

この文はあくまで、『霊術家の饗宴』に関して書かれたもので、同書に対する兄の思いであって、本書に対するものではない。だが、本書の内容はまさにまた右文に書かれたものとなっており、本書も「過去への鎮魂であるとともに、いま生きるわれわれの足元を照射する作業」となっている。

一種の神通をいつの間にか我が物として、幼少の頃に目指した超人の道を歩いておられた兄は、「前世において、秘教のグルのもとにおいて、私とあなたとは兄弟弟子であった」と、私と兄との過去世の関係について語ったことがかつてあったが、その縁によってか、いま兄が道山に帰りし後、兄の遺著の序を書いている。この序が、また本書の発行が、兄への鎮魂ともなり、また兄が願うように、本書が本書を繙く人の足元を照射し、人とは如何なる存在かを考える手がかりともなれば幸いである。

二〇一四年四月吉日

◉目　次◉

霊術家の黄金時代

第一章　呪術から霊術への道――【藤田西湖・萩原心眼】

山伏たちのシャーマニック・パワー

　武術研究家であり自らを甲賀流忍術十四世と称した藤田西湖は、その半生記『どろんろん・最後の忍者』（日本週報社、昭和三十四年）の中で、山伏たちの神秘力について記している。西湖によると、彼は少年時代の明治三十八年頃に関東の三ツ峯修行場にまぎれこんで短期間ではあるが山伏修行を体験したというのだ。

　ある残暑のきびしい日、たまたま家の前を通りかかった三名の山伏の後について山に入ること数日、大行者の滞在している岩屋に到着したという。大行者は「絵でみる仙人そっくりで、みごとな白髯《はくぜん》を胸のあたりにまで垂らし、見るからに神々しい老人であった」といい、彼はその配下の山伏たちと一〇〇日以上生活を共にしたというのだ。山伏たちの日常は早朝の読経にはじまり、終日、数々の術――、祈禱、まじない、火渡りの法、早歩術、煮えたった湯に手を突っ込む探湯《くがたち》術、そして杖術《じょうじゅつ》などの修行一途の毎日であったというのである。そして、たとえば早歩術についていうと、この術を習得した者の中には一日に五、六〇里（二〇〇キロから二四〇キロ）を行く者や、一〇〇貫（三七五キログラム）荷を背に二〇里（八〇キロ）を踏破する者もいたそうだ。とりわけ西湖を驚かせたのは遠隔信号通信の術であった。西湖は記している。

「今でも不思議なのは、彼らが加賀の白山とか、羽後の羽黒山とかと、信号通信することだった。これは功を積んだ行者だけのすることであるが、黙想して坐っているかと思うと、とつぜん立ち上って指を空に向け、指先きを動かしながら、なにごとか無言の通信を交すのである。「何日後には、どこそこから何某を頭にして何人の行者が来る」。そんなことが、ピタリと的中する。

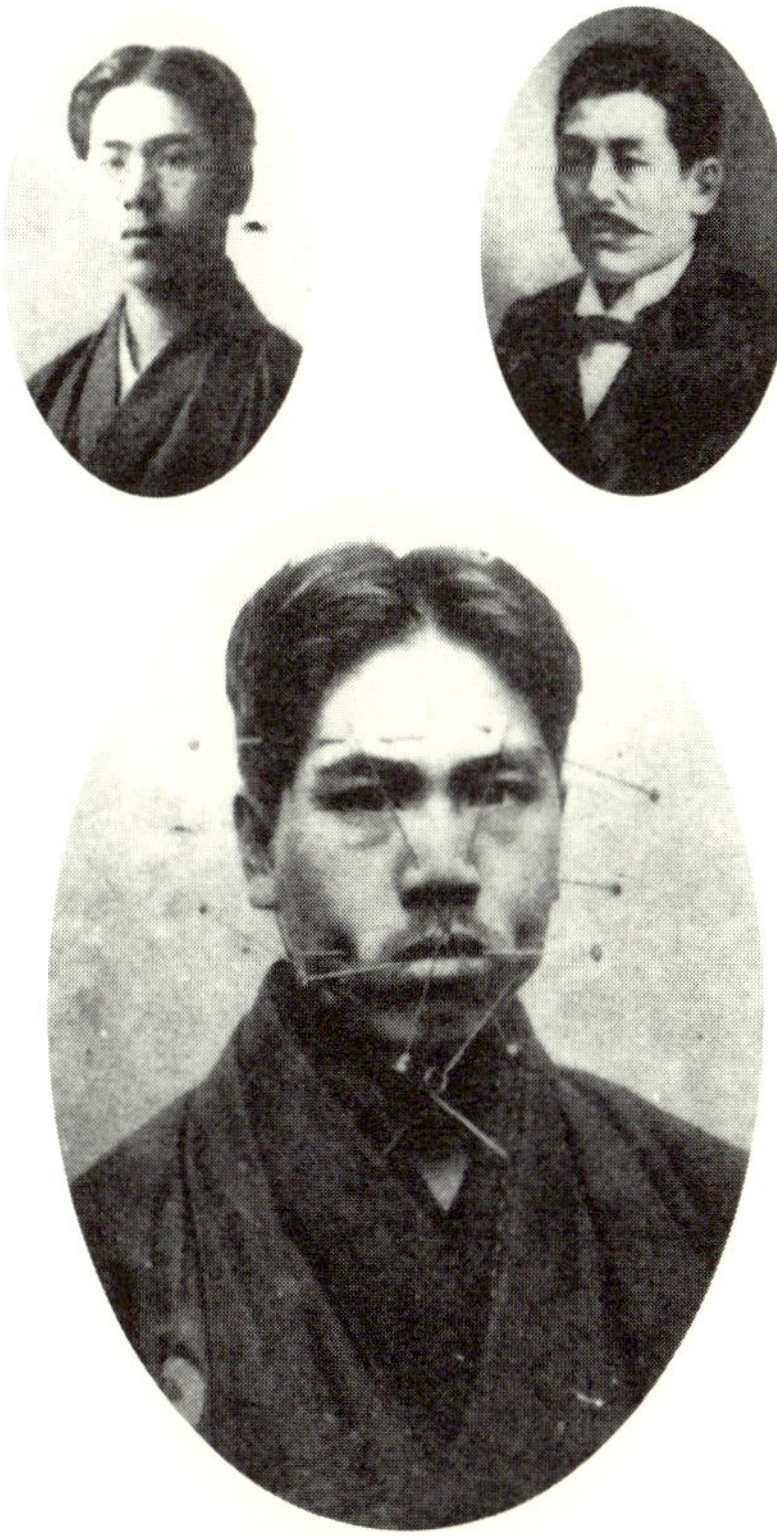

偽物、本物の入り混じる大正初期の霊術界にあって藤田西湖（上左）は“霊界改革”を唱導し、清水英範（上右）と行動を共にした。下の写真は、当時の雑誌『科学画報』に掲載されセンセーションをまきおこした西湖による顔面刺針術の光景

その後、成人した西湖は千里眼の持ち主として生神様にまつりあげられることになるが、彼の述懐によると、この子供のころ

の見聞によって人間の常識を超えた霊力、あるいは念力的なエネルギーの存在を確信したというのだ。

ところで、筆者がこの小文の冒頭に藤田西湖のエピソードを挙げたのは、これら山伏たちが日本宗教史の始まりから現代にいたるまで民衆にもっとも近い場所にいて、民衆の痛苦の訴えに対して呪力をもって応えてきたという歴史的事実をふり返ってみたいからである。記紀の時代、役の小角に代表される山岳修行の伝統は現代にいたるまで引き継がれてきており、その間、名も知れない多くの呪者《シャーマン》を生み出してきた。日本宗教史によると、それらの呪者は元禄年間(一六八八～一七〇三年)に里修験《さとしゅげん》(里山伏)として民間に定着した。彼らは加持祈禱、呪詛呪法と、ときには薬草を用いて民衆の苦しみと疾病の解決を図ったのである。しかし、維新政府は発足早々に広範囲に及ぶ宗教改革を決行した。吹き荒れる廃仏毀釈の嵐の中、明治三年、「修験道廃止令」が発布され、全国の村落、町中に住していた修験たちは仏教(天台、真言の両宗)への帰属、あるいは還俗を余儀なくされたのである。そして、もともと仏教と神道の中間に存在していた彼らの多くは神職に転じ神社の別当職に就いた。それとともに、里山伏たちが保持していたシャーマニック・パワーは徐々に薄れていったのだ。

しかしながら、藤田西湖の追憶によると、明治の終わりにして仙人的な山岳修行者の群が存在しており、しかも、優れた呪力術力を保持していたというのである。

戦後から現在にいたるまで、宗教史学や宗教学は歴史上における宗教団体や人の動向を記述するにとどまり、この分野にまとわりついている呪術呪力そのものを研究記述することはほとんどなかった。唯一の可能性を秘めているはずの民俗学すら、先駆者・柳田國男にして、この問題を正面きって取り扱うことを避けたのである。しかし、民衆にとってはいつの時代にも、呪力をもたない宗教人はただの人なのである。そして、記紀の時代から現在にいたるまで民衆はつねに、呪力を保持した特別な人を探し求めてきたのである。

維新まで、そのような民衆のニーズをほとんど一手に引き受けてきた人々こそが修験山伏であったのだ。民衆の多くが宗教や宗教人に期待するのは日常の痛苦を直截《ちょくせつ》的に解決してくれる呪力なのであり、宗教思想の内容では決してない。だからこそ、修験たちは時代の波を千数百年にわたって吸収し存続してきたし、維新政府の強力な「呪力否定」政策をかいくぐって修験者たちは真の呪力を求めて密かに修行を続けていたのである。

また、呪術呪力を期待する民衆のニーズは維新以後、「霊術」を生み出すことになるが、そのことに触れる前に、幕末における民間の呪者の実情と、後に民衆宗教をもりあげてゆくことになった三人のカリスマの誕生についてみておこう。

心眼による民間呪者の探訪記

明治末期における民間の呪者《シャーマン》の実情を伝えているもう一人の証言者として、萩原心眼《しんがん》（本名は實《みのる》）の名を挙げておこう。彼は大正期に医師となり、その後、西洋医学と呪術的治療を併用した「霊根興《れいこんこう》整術《せいじゅつ》」の普及に努めたのである。

医者の子であった心眼は十五歳のころから呪術に関心を抱き、生地である薩摩をはじめ九州一円、四国にまで足を運び、山伏の荒技をはじめ、村落の堂宇に住みついていた別当たちの呪術的治療の実際、町中にひそむ陰陽師や巫者にいたるまで、まるで何かにとり憑かれたかのように探訪の旅を続けたのであった。そして、彼は結論的に記している。

「余の観たる彼等は十中の八九まで悉《ことごと》く手腕なくして、人を欺き生活するものなり。而して市井の噂に上ぼり、神人の如く伝へらる丶もの最も然り。稀れに手腕を有する正しきものあれど、却《かえっ》て人に知られず且《か》つ赤貧なるもの多く、而して余は此の種に属するもの三四発見したり」

要するに、明治末年、四国九州地方にはおびただしい数の呪術使いが存在していたが、その多くはいんちきであったというのである。しかし、名も無く赤貧に甘んじている者の中に、真の呪力を有する少数の者がいたというのだ。そのひとりとして、心眼は熊本に住んでいた老女の例をあげている。

その老女は歳九十、弘法大師の信奉者であった。彼が老女を訪問したさい、前後して母子がやってきた。その少年は半年間〝ある種の皮膚病〟に苦しみ、種々の医療を受けたものの悪化の一途をたどっていたというのである。少年の病気は、「足の踵《かかと》より俗に曰う土不踏《つちふまず》の中央まで松の樹皮が剝げる様に、上層より脱落して、最下層の新皮を残すのみにして、甚だしき痛痒に苦しむ」ものであった。このため、まったく歩けなくなっていたところ、昨夜老女の治療を受けて「爪立て歩み得る様に」なったという。

この話を聞いた心眼は思わず男の子の踵を触ってしまった。〝痛い!〟と叫ぶ少年。しかし老女が触ると痛まないという。ついで老女は、「子供に立てよと命じ、次に歩めよと命じ、痛むやと問いしが、子供は直ちに立ち上がり、而して活発に歩行し、立派に全癒されたりとて大いに」喜んだというのである。

唯《ただ》の二回にして半年の病苦が癒されたのであろうか？　心眼はふたたび少年の踵を触ってみた。すると、少年は「更に苦痛の色なく、踵の皮は殆《ほとん》ど普通人の夫《そ》れと等しき厚さのものたるを感触した」というのだ。

老女がどのような治病術を用いたか、心眼の文章には記されていない。おそらく患部への撫捺《ぶさつ》法、および祈禱が用いられたのであろう。ともかく心眼は、これらの驚くべき呪術治療を見聞して、人と神仏が交流することによって付与される呪力の存在を確信し、後半生を医師の立場から呪術的治療の実践に費やしたのであった。

萩原心眼（上）と、被術者に“霊悸”を送ることにより治療する心眼（下）

江戸末期、幕末から明治維新にかけての民間の呪者の実情はどのようであったか？　種々調べてみたが、それを詳記した文献はみつからなかった。多くの文献は、江戸末期における「霊神信仰」の発祥や、「ええじゃないか」のかけ声で知られる伊勢参りの六〇年周期の流行に筆を費やすが、町中村々に多数点在していたはずの呪者、〝拝み屋〟についての記述はない。また、里山伏についてすら、その歴史的座標については研究されていても、いきいきとした民衆との交流の記録には乏しい。無名の者、社会的弱者と底辺の人々はいつも、記述された歴史の中で抹殺されてきた。歴史は強者の記録なのである。したがって、国家権力と結びついた巨大教団のことならいざしらず、集落や町の露地裏にかくれ住んでいた呪者、拝み屋の実情を知ろうとすること自体、無理な相談というものだろう。この意味で心眼の探訪記（『霊根興整術』霊閣、大正十五年）は貴重な記録なのであり、彼の見聞内容は江戸期から明治、そして現代にいたるまで！ 通用するといってよいだろう。たとえば霊媒についてみると、河北新報社の一九八〇年の調査によると宮城県に存在する巫女《みこ》の数は、八九名に及ぶというのだ。彼女（彼）らは古くから市子、口寄せ、イタコ、ノロ、ユタなどの名で知られてきた霊媒の末裔に外ならない。科学万能の現代になお、町中において小さな神々が民衆の支持をうけて活発に活動しているのだ。江戸や明治にはもっと多くの市子、口寄せがいて、民衆の泣訴を受けとめていたことだろう。

明治政府の「市子」「占術」「祈禱呪法」の禁止令にもかかわらず、心眼が伝えるようにそれらの呪者は民衆のニーズに応えつづけていたし、「修験道廃止令」によって修験たちの多くは仏教教団に帰属したものの、一部は西湖が記しているように山岳信仰の神髄を求めて山に入り、他の一群は香具師《やし》となりまぜになりつつ民間医療に参画し、ふたたび浮上できるその日を待っていたものと思われるのである。

生神の出現と呪術のソフト化

幕末――。キリスト教による精神的防備を背景に科学文明を手中にしつつあった西欧諸国は、東方のこの国に熱いまなざしを向けていた。だが、長きにわたった鎖国政策は、為政者のもつべき国際的視野を著しく曇らせていたのである。加えて、国内においては行政の疲弊が病魔のように国全体を蝕んでいた。宗教界にあっても、江戸幕府による寺請を媒介とした宗教統制が進むにつれ、仏教は形骸化していった。数々の特権を行使して金満化していく寺院。当然、民衆の気持ちは寺院から離れ、病苦や貧乏の苦しみを直接的に受けとめてくれる対象を求めはじめた。

祈禱等の呪術の隆盛、山岳信仰の流行、「ええじゃないか」にみられる信仰のレジャー化ないしは鬱屈からの解放《エクスタシー》を求める衝動、……こうした精神世界の混乱を救う唯一の道こそが、強力なカリスマ登場への期待であったといえるかもしれない。

こうしてわれわれは、幕末の西日本にそれ以降の宗教シーンを書き換えることになる三大教祖の出現をみるのだ。まず文化九年（一八一二）、備前において黒住宗忠が「黒住教」の立教宣言を行ない、ついで大和には天保九年（一八三八）中山みきが「天理教」を立教、最後に安政五年（一八五八）、備中生まれの川手文治郎の身体に神が天下ったのである。

三教はその後、民衆の強力な支持を得て維新になだれ込み、公認宗教にあらずんば宗教にあらずとする政府とのかけひきと闘いをくり返し、ついに公認をかちとることになるが、筆者が注目するのは、立教当初における既成呪術勢力との抗争である。「生きながら神となる」ことを自ら宣言した宗忠に対して、近隣の呪者たちは激しい敵愾心《てきがいしん》を燃やすのであった。一方、天理教の場合、里修験は立教に当たって重要な役割りを演じている。立教前のみきは四十歳にして五女を授っているが、その翌年、長男の秀司が急病に襲われた。医薬の効なく、ついに近くの長瀧村に住する里修験の中野市兵衛に祈禱を依頼した。そして一進一退をくり返したあげく、ついに運命の日を迎えることになったのだ。天保九年（一八三八）十月二十四日、求めに応じて中山家にやってきた市兵衛は困惑の表情を隠さなかった。というのも祈禱に使用する加持台（霊媒）役の〝おツヨ〟と連絡が取れず、連れてこれなかったからである。おりから秀司の原因不明の足痛に加えてみきも腰痛に苦しんでおり、夫の善兵衛までもが昨日来の眼痛が治っていなかった。追いつめられた思いの市兵衛はみきを加持台に用いようと決心した。必死の形相で声高らかに呪文を唱える市兵衛――、全身に玉のような汗を流しつつ祈禱を凝らすそのとき、みきの様子が一変した。

「市兵衛は茲ぞと、尚も丹精を凝らして祈禱した。教祖の御態度は、益々荘重を加え給う。両眼は、日月の如く輝き、手にせし御幣は左右上下に凄しく打ち振う。

『お降りの神様はどなた様で御座います』

市兵衛は直にお尋ねする。

『我は天の将軍』

凛々しい御声には、一座の者、思わずハッと摺《ひ》れ伏した」

この文章は『天理教祖』（天理教同志会編、大正十四年）が伝える教祖・中山みきの最初の神憑りの光景である。

また、金光教の立教に当たっては、山伏らははっきりと敵対集団として立ち現われるのである。教祖・川手文治郎が直接信者たちに神の言葉を伝える場である〝広前〟に、つぎつぎと山伏たちが現われ、あるいは説諭を試み、また威嚇し、ついには刀を振りかざして切りかかる者すらあったという（『明治大正実話全集』第七巻、田中貢太郎著、平凡社、昭和四年）。

……ともかく、民衆のニーズが招き寄せたかにみえる幕末の新宗教、生神様たちの時代の幕はこうして切って落とされたのだ。この事態は里修験たちの衰退の序幕でもあったのだ。

もうひとつ、注目しておきたいのは呪術のソフト化である。修験たちは程度の差こそあれ山岳修行を決行し呪力を獲得していた。そして、その修法《ずほう》実施に当たっては、専門的な呪術作法を駆使していた。対する生神たちはそのような修行を積んでおらず、修法に長けていたわけでもなかった。彼らの頼みとするところは修法ではなく〝神の威力〟であったのだ。すなわち……、民間医療史の中で〈純粋呪術治療〉の時代は終わったと思われるのである。

昭和の〝修験〟、霊術家の誕生

さて、維新の後、わが国は未曾有の社会変革の波に襲われることになるが、本稿に関係のある事実として宗教政策の他に、西洋の学術の積極的な導入政策を挙げておかなくてはならない。

維新まもなくに確立された帝国大学制度は多数の外国人教師の招聘を前提にしていた。彼らの専門分野は語学から法学、心理学から医学、理学にいたるまで、あらゆる学問分野にわたっており、日本文化の性急な西洋化に貢献したのであった。また、この西洋文化の怒濤のような流入は、必ずしも正式な学問分野に限られていなかった。心理学に付帯する〈催眠術〉や〈心霊研究〉、それとマジックなどのショー、服装髪型などの生活文化もまた早々に上陸を果たしたのである。このうち催眠術は、日本という呪術の風土に落とされた〝原子爆弾〟にも近い威力を発揮したのだ。というのも、前節でみたように古来の呪術は維新後いっそうソフト化してゆき、偉大な術力を発揮できる験者はきわめて稀になっていた。加えて幕末に誕生した三大民衆宗教は大飛躍を遂げ大衆化するとともに、呪術性を薄めていったのだ。教祖が一日に対面できる信者の数は限られていたので、教義指導の日常的な実践が求められるようになったからである。

民間のルートでこの国に入った催眠術は当初、「幻術」「妖術」などの名で見世物ショーの演題のひとつとなった。水晶の振り子を被術者の眼前で動かす幻術師、やがて被術者は眠りに陥り術者の命ずるとおりに動作させられる。彼は意図せずして歩き、ときには語り、命じられた奇妙な動作を演ずる。薄暗い芝居小屋や寺社の大広間で催された幻術ショーの観客たちの驚きや笑いは、現代、お茶の間のテレビに映し出される催眠ショーを面白がるわれわれと同じものであった。ただし、その感嘆ぶりは現代人の何倍、何十倍にも及んでいたかもしれない。なにしろテレビどころかラジオもない時代のことである。幻術に対して一切の予備知識をもたない明治の民衆にとって、その術は山伏が行なってみせる不動金縛りの術か、それ以上の不思議であると感じられたのである。

幻術が「催眠術」と呼ばれるようになった明治二十年ごろ、この不思議の術は全国的なブームを招いていくのである。というのも漢方医師・馬島東伯《まじまとうはく》は催眠治療を研究し、明治二十三年、東京小石川において日本初の〝催眠術病院〟を開設した。ついで妖怪学博士の名で今日も知られる井上圓了《えんりょう》、大沢謙二医博らが馬島東伯に刺激されて催眠療法の研究に着手、同時に政財界の名士が続々と催眠術の驚異に感化されていったのである（『變態心理』大正九年十月号など）。つぎの動きは素人催眠術師の群生である。〝催眠術講受録〟通信販売業の創始者、横井無隣《むりん》の「講受録」は売れに売れ、たちまち彼に大金をもたらした。直ちに追随する同業者たち——、こうして全国各地、津々浦々に〝催眠治療家〟が出現、病苦に悩む民衆たちが奇跡と不思議を求めて〝催眠治療所〟に殺到するのに、そう時間はかからなかった。民衆たちは催眠治療家に昔日の山伏たち——、あの不思議の呪術を駆使する里修験のイメージを重ねあわせていたのだ。

この日本人の深層に住みついた呪術、奇跡への願望に応える事態……、それは催眠術から〈霊術〉への進化に外ならなかった。

おりしも政府は素人催眠術師の横行によってもたらされる学童の視力低下などの弊害を憂慮し、明治四十一年、今の軽犯罪法に相当する「警察犯処罰令」の中に催眠術濫用を禁止する条文をつけ加えたのである。だが、この法律は十分に機能したとはいいがたい。というのも、素人術師たちはともかく、プロの催眠術師たちは催眠術の看板を〈霊術〉〈精神療法〉〈心理療法〉などと書き換えて、当局の追求をするりと躱《かわ》して大正期にすべり込んだからである。〝霊術家〟たちは明治末年における三人の先駆者、最後の気合術師こと浜口熊嶽《ゆうがく》、インテリにして〝精神学〟の創始者（そして霊術開祖でもある）桑原天然《てんねん》、大本教と思想的に拮抗しつつ攻撃的な霊術を宣布した太霊道《たいれいどう》創始者・田中守平《もりへい》——、の術とシステムを模倣し、つづく昭和期、霊術最盛期へとなだれこむのであった。ある調査によると、医療の不備と民衆の奇蹟願望に支えられた霊術家の数は昭和五年当時、三万人にも及んだという！　この数字と彼らの術内容からみて、彼らは「昭和の修験」と呼ばれてしかるべきであろう。

詳しくは筆者の著（『霊術家の饗宴』※）を見ていただくしかないが、昭和の霊術家たちはその後、ふたたびその看板と術内容について変容を余儀なくされていったのである。それらは現在の新宗教のルーツのひとつとなり、ある一派は今も民間療法や健康法の中に生きつづけているのである。

現在――、われわれの民族的無意識には今も呪力と奇蹟を希求する願望が強く焼きつけられているのだ。この民族的規模のオカルト衝動こそが、修験をモデルにする小型大型のカリスマをつぎつぎと生み出す原動力になるのである。この世に社会的不幸が存在するかぎり、人生が痛苦に隈どられているかぎり、われわれの無意識は救いをもたらす奇蹟の術としての呪術の発動を期待し、生みつづけるであろう。そこには奇抜な健康法――、つまり科学がその効き目を決して保証しない方法群も含まれているはずだ。

※『霊術家の饗宴』（一九八四年、心交社）は一九九六年『新・霊術家の饗宴』として増補版が刊行された。（編集部）

第二章　幻の霊術家群像――大衆とともに歩んだ霊術家たちの素顔――【浜口熊嶽】

快男児、熊嶽の縦横無尽

明治四十三年一月十日、横浜は大鋸、感応院〈1〉の大広間は、真冬の寒さをぶっとばす人いきれと喚声に満ちあふれていた。

どっと沸く笑いとうなるような感嘆の声、ときにはすすり泣く声とともに一座は鎮まり、しかし、つぎの瞬間には津波のような感動の嵐が広間を満たすのであった。

つめかける群衆、忙しく立ち働く書生たち、鋭い目付で場内を監視する臨席警官の姿、どよめき、笑い、くいいるように見入る老若男女――、金持もいた、貧乏人もいた、じいちゃんばあちゃんに加えて、兵《へ》児《こ》帯《おび》の少年たち、それに鼻の下に青い二本棒をたてた子供、わけもわからずただ泣きわめく赤子にいたるまで――。その日、感応院は晴れやかな正月の気分をまだ残していたが、その反面、どうかした拍子に一転して人びとが黙りこみ、人生の深淵を思わせる気分が突風のように吹きぬけてゆくのだった。

——そして、人びとの注視を一身にあびながら、それをものともせず、汗のしずくを飛ばしながら手をふりあげ、声をからして叫び、鋭い目付きで射すくめたかとおもうと、つぎの瞬間には破顔一笑、呵々大笑するひとりの男がいた——、かれこそが気合術師、霊術家、浜口熊獄《ゆうがく》その人である。

「おい、西岡！　お前にいっとったじゃろう、彼氏のようなお人からは料金はいただかんとな。返還じゃ返還、よいか、こんどまちごうたらクビじゃ！」

ただでもおおきな眼をギョロリとむき、鼻の穴をおっぴろげて怒鳴りつける熊獄、その怒りの炎をまともにくらって、書生は顔面蒼白、「は、はい！」と答えるのが精いっぱいにみえた。

気まずい空気が場内に流れた。熊獄は、五十がらみの労務者風の男から受付票をひったくると、紫色の丸印をパンパンと押して書生に放るように渡した。

顔をあげる熊獄、その面《おもて》にはもはや怒りのかけらもなく、おだやかでいたわるような表情がみなぎっていた。ホッとした空気が場内の緊張をゆるめ、それと同時に、入場者のこころに同じ思いが生じたようである——、なんという男だ、熊獄という人は……、怒っているかと思うと笑い、高尚な説法のつぎの瞬間にはお色気話……。

ドギマギした表情をかくせない男——ゴマ塩の職人刈り、まっ黒く目焼けした顔に深く刻みこまれた皺の数々、しょうゆ色の手はいかつく曲がり、金大黒の袢纏《はんてん》をひっかけたもも引き姿、その姿にはかれの苦しい人生が練りこまれているかのようであった。熊獄はキラリと光る眼でかれを、じっとみつめながらいった。

「似とるな……わしのお父っつぁんに。わしは漁師のせがれじゃった。本来ならば漁師を生業にすべきだったのじゃが、人生はわからんものよのう。波瀾万丈、いまくる波はもうさっきの波とはちごうとる。苦しいことばっかりじゃっただろう、とっつぁん。わしも運命のままに病気治しの行者になってしもうた。でも運命とはわからぬものよ。いつまたわしも漁師の八公に戻るやもしれん、そしたらお父っつぁんといっしょに網をヨイショ、コラマタって引いてな……」

瞑黙する熊嶽。

えたいのしれない感動に襲われ、立ちつくす初老の人足。その、ぶるぶると震える腕《かいな》。

静まりかえった場内。

数瞬後、熊嶽はあぐらをかまえなおすと、右手を洗面器に浸しながら尋ねた。その表情にはもはや感傷の影はなかった。きっとした決意が、鋭い眼と、なにかと対決するような姿勢にみなぎっている。全身からメラメラと赤の炎がたちのぼり、場内を圧する気迫がいがぐり頭、五尺七寸、二十貫の体軀から放射されはじめた。そのときかれは、治療の体勢に入ったのだ。声がドスのきいた低い声になった。

浜口熊嶽

「そいで、どこが悪いんかのう」

「重いものをいつも持ってるもんで、腰がいかれて痛むのでがす。それに歯も痛うて痛うて……」

すさまじい磁気を全身から放ちながら、怒ったように男を睨みつける熊嶽であった。

私の生存関係者からの取材によると、治療体勢に入ったときの熊嶽は、あまりに恐ろしい雰囲気をふりまいたので、患者は誰ひとりとしてかれの眼を正視できなかったという。

〝ああ〟も〝うん〟もなかった。

いきなり水で濡れた右手を顔前に構えると、「エイッ」と気合をあびせると同時に右手を振りおろして九字を切った。男の顔面にはじける水滴、棒立ちになり恐怖に怯える人足、つづいて、「パアッパアッ」という気合いが追いうちをかける。「後ろを向け」と怒鳴る熊嶽、はじかれたように半回転する男、ほとばしる汗を振りまきながら半身を前に倒す熊嶽、再び右手の刃印が気合とともに男の腰を襲う。

「どうじゃ、痛みは？　調べてみい」

「あっあ、治っております」

腰に両手をあてながら不思議そうにゆすってみる男、かれの顔は不審気であった。

「本当じゃな」

「は、はい、ぐっと楽になったでがす」

人足の真実味あふれた答に、堂内がどよめいた。

「歯が痛いというとったの、どれ、どの歯かいのう」

声にならぬうめきがまきおこった。そして、それが縦横にひろがっていった。あちこちで聞こえるひそひそ話……。

〝これじゃ、浜口熊嶽の秘術というのは！〟〝けど、気合ひとつで歯が抜けるというが、ほんとうなのか？〟〝手は触れないというじゃないか〟……。

いっけん熊嶽は平静だった。しかし、かれも人の子、その実、必死であった。この地区での出張施術は今日が初日、地元の医師や歯医者、それに臨席警官の目の前で、この人足の歯を手もふれずに気合一閃、抜かねばならないのである。〝わしは負けんぞ！〟心にいってきかせた。患者の指が口のなかにはいり、痛んでいる下歯の一本を教えている。ぼうと定まらぬ熊嶽の視野の中央に、その歯と男の指がくっきりと浮きあがるように見えた。

精神がその歯に集中する……。堂内のざわめきが遠のき、まるで失神寸前のような気分が熊嶽を襲う。〝抜ける！　気合だ！〟という思いが追いつめられていたかれの頭にわきあがる。ゆっくり反復していた呼吸を一瞬とめたそのとき、「今だ！」という稲妻のような響きを聴いた熊嶽、眼前が一気に暗くなり、視界の中央にあった歯もかき消えた。が、それと同時に身中にたまっていた気力《パワー》が爆発的に、歯めがけて殺到した。暗黒の視野がビリッと引き裂かれ、口からは気合がほとばしった。かれの存在は気合そのものになりきっていたのだ。

「ウッ、エーイ！」

われにかえった熊嶽の眼に、口からペッと歯をはきだす人足の挙動が映画のひとこまのように映った。無表情に尋ねる熊嶽。

「どうじゃ？」

「は、確かに抜けとります」

といいながら、手の平にちょっぴり血のついた歯をのせ、差しだす人足。

息をつめて見守っていた人びとに思考が戻り、想いが喚声にかわった。ウォーというどよめきがまきおこった。何人もの人が熊嶽めがけて走る。ショックで棒立ちになる人、拍手する人、となりの人物と肩をたたきあう人びと――。いまや、堂内は興奮のるつぼと化したのである。だれの胸にも同じ思いがあった。〝オレははっきりと見た、行者は患者に指一本ふれていない。だのに、歯は抜けたのだ〟。眼前に展開された、摩訶不思議の「真言秘術」を解しかねて混乱する警官も、医師や歯医者すらも、同じ思いであっただろう。

取材に来ていたある新聞記者は、つぎのように感想を記している。

（上略）歯や黒子《ほくろ》が取れるのを見ては万更馬鹿《まんざら》に出来ない。全く不思議である、イヤ、不思議ではないのだらうが、今の学問で説明出来ぬ為に不思議なのであろう。（略）モー十年も経ったら、或はこの熊嶽の術も何の不思議でも無い様になるかも知れぬ（略）兎に角も浜口熊嶽は不思議な人間である。（横浜貿易新聞、明治四十三年一月十二日）

霊術の黄金時代

明治の世は大正にかわり、十年経った大正中期、熊嶽の術はなんら〝科学的〟に解明されなかったばかりか、熊嶽をはじめ、おびただしい数の〈霊術家〉たちが市中を跋扈《ばっこ》していた。妖術・法術を売物にした行者の一群から、〝科学的〟体裁をとりつくろった近代霊術家にいたるまで、その数は一万人とも数万人ともいわれている。

詐欺まがいの霊術で治療する者から、純然たる詐欺そのものを〝秘法〟と偽って行う者たちもすくなくなく、当局の取締りといたちごっこをくりひろげている一方、精神と霊が物質の優位に立つという哲学をかかげて、地道に活動する〝霊術家〟先生も数おおく活躍していたのである。

まさに大正期は霊術の〝黄金期〟であったのだ。

ところで、読者は、いきなり熊嶽という名前とその秘法、霊術の黄金期などという記述を読んで、とまどっておられないであろうか？　無理もない。そこで、すこし説明しておこう。

今日、〈霊術〉とか〈霊術家〉とかいう言葉は死語にちかい。それよりも、〈心霊〉〈守護霊〉〈超能力者〉〈霊能者〉といった言葉の一群のほうが、身近に感じることだろう。しかし、日本近代史において、それらの言葉が一部のマニアの術語であることをやめ、広く大衆に喧伝されたのは第二次大戦後のことなのである。まして、それ以前——、明治から昭和十年代にかけてとりざたされ、今日、完全に忘れ去られた霊術家たちの動向を読者が、ごぞんじないのも無理はない。

私はこの〈幻の霊術家〉を追跡すること十五年。昨年、ようやくにして『霊術家の饗宴』なる一書をとりまとめたのである。同書は幸いにして宗教家や研究者に衝撃の念をもって迎えられたばかりか、ニューアカデミズムの旗手、浅田彰、中沢新一両氏が選んだ「百冊の本」の一書に加えられたのであった。それは、私が発掘した〝霊術家の世界〟が、興味本位で扱える対象のひとつではなく、東洋の小国が維新をもって、西洋化するプロセスにおいてまきおこされた、巨大なひずみのひとつであったこと、およびこのブームが〈霊術家運動〉ともいうべき、社会的・医学的・宗教的な改新運動であったという側面が、識者の注目を集めたと思える。

それはともかく、私は同書のなかで、維新から昭和期にかけての巨大霊術家として、幻の気合術師・浜口熊嶽、孤高の霊術開祖・桑原天然《てんねん》、幻の霊術団体太霊道主元《たいれいどうしゅげん》・田中守平《もりへい》の三名をとりあげ、人物とその霊術内容を詳細に述べるとともに、日本の斯界《しかい》の推進者である念写発見者・福来友吉博士、事実上の精神統一開祖・清水英範《えいはん》についても、発掘、現地取材を交えて記しておいた。

冒頭に記したように、浜口熊嶽は、その人物スケールの巨大さ（昭和初期、かれは政治家・尾崎行雄、真珠王・御木本幸吉と並んで〝三重県三傑〟と呼ばれ、「三重県史」に数ページを費して紹介されている！）、術の確かさなどの点で、霊術史の扉を飾るにふさわしい人物である。取材によると、かれの妾愛人の数は数十名、故郷である紀伊長島（現在は紀北町紀伊長島区）への全面的な貢献、飾らぬ人柄で故郷ではフンドシ一丁、マナイタ下駄で村落内を闊歩したエピソードなど、現代にはいそうにない怪物である。比肩しうるとすれば、最盛期の田中角栄元首相ぐらいであろうか。でも、熊嶽にはダーティなところは微塵《みじん》もなかった。

しかし、霊術家である以上、その法力が問われようが、特に大正期まで、気合一閃による黒子《ほくろ》や歯の抜きとり、各種疼痛の除去、リューマチ後遺症などの身体障害に威力を発揮したことは、各種文献や新聞、それに生存関係者の取材などからまちがいないと思われる。遺子稔氏の証言によると、昭和十年代の晩年にはやや力量がおちたといわれるが、それでも七割方は気合だけで治癒したという。

熊嶽を語るにあたって書き落とせないのは、官憲との熾烈《しれつ》な闘いである。私の著（前出）には裁判資料を用いて詳しく記しておいたが、明治の世にあっても、医師法や他のいまの軽犯罪法に相当する法令によって〝医師でない者の医療行為〟は、厳しく取り締られていた。気合による病気治しを和歌山ではじめた二十歳ごろの熊嶽は、さっそく当局に察知され、法廷に引きだされている。以後、大阪、神戸、福山、東京、とゆくさきざきで官憲と衝突し、警察への出頭命令または拘留をうけること七百回以上、法廷に立つこと四十回以上というすさまじさである。

しかし、〝わしはなんも悪いことしとらん。不思議の術で病気が治るのは事実だし、貧乏人からは金をもらわん。なんでお上はわしに目くじらをたてるんじゃろか〟という素朴論をまっこうから振りかざし、敢然と官憲に立ちむかっていった。

一歩退けば、自分の使命ははたせない、の思いに駆られたかれは、あるときは京都三宝院の密教僧を証人にたて、あるときは警察官・検事・裁判官の三者立会いのもとに、〝気合術の実演、実地検分〟に積極的に応じ、堂々と不思議の術を開陳したのである。明治三十六年十月二十九日には、神戸地方裁判所末永判事のリューマチによる肩痛を実地検分の席上で、気合により除去し、結局このことが有利に働いて無罪になるなど、ほとんど全部の裁判で無罪をかちとったのである。[2] まさしく、怪物、快男子とよばれるにふさわしい男ではないか！

熊嶽が民衆に熱狂的に迎えられる素地となったのは、なんだろうか？

そこにこそ、われわれは、いつの時代にもかわらぬ生老病死という人間の運命の厳しさと、優れた医療環境を求める大衆のニーズをみるのである。

明治以後、西洋医学の導入政策によって、医師は街中の人であることから高等教育を受けた名士になっていった。外国語を理解し〝高度な医療技術〟をマスターした秀才たちが高収入を得るようになると、低学歴で生活苦にあえぐ民衆の気持から乖離していったのも、無理はない。江戸時代まで医者たちは村落の名士ではあったが、治療代にかわる米を貢がれる村の一員でもあった。白いクスリと注射、手術が生薬や骨つぎにとって代わるようになると、医者と大衆の肌のふれあいは急速に失われていったのである。

この動きと軌を一にして物質万能への危機感や、精神と霊の保存への思いが一部カリスマや、民族主義者の間にたかまっていった。この精神復権への衝動が西洋科学の一分野である催眠術と習合し、明治三十年代から末年にかけて未曾有の「催眠術ブーム」を形成していったのだ。さらに、この〝西洋魔術〟と日本精神が合体した結果、まず、桑原天然が真理の体系「精神学」を唱導し、この学の応用技術として「精神霊動術」を編みだした。つまり、――これこそが、修験道秘術の最後の実践者《デモンストレーター》であった熊嶽術にかわる〈新霊術〉となったのである。

生来のカリマス性と高等師範学校教授というインテリジェンスを併せもっていた天然の学と術は、ときの民衆のニーズに強くマッチし、おびただしい弟子志願がかれのもとに殺到した。しかし、かれは悲劇の人であった。知識人からの束になっての攻撃、官憲の干渉、などがかれをいっそう狂気へと追いつめ、熱狂的な「精神学」の普及に走らせることになった。

が、運命はかれにとって残酷であった。

物質主義をその核《コア》にもつ近代文明との対決は、あっけない敗北に終わったのである。

――三十三歳の夭折、それが天然の運命であったのだ……。

けれども、天然が火を点けた精神復権の運動を、誰もとめることはできなかった。

天然の弟子団、熊嶽術の模倣者たち、加えて明治末年、青年国粋主義者・田中守平が編みだした〈太霊道〉とその霊術〈霊子術〉が、大本教と鋭く拮抗しながら驚くべきスピードで、プロ霊術家を育てあげてゆくのである。

つぎつぎと生まれては消える新霊術の群、それは、物質主義への潮流に抗う民族の叫びであり、大衆が抱いていたこころと身体の不安を吸収する〝精神装置〟〝霊的技術〟であったのだ。事実、いっけん西洋心理学や心霊主義の日本的変形であるとみえる霊術には、ありとあらゆる日本そのものがからみついていたのである――、修験道や真言密教、香具師《やし》や大道芸、漢方仙術などの東洋的な術《アーツ》……などが。

こうして霊術は、大正中期に第一次の黄金時代を迎えたのである。

霊術家時代の終焉

得意満面の霊術家たち――、その表舞台にあってかれらをとりまとめ、霊術家運動をさらに拡大し、霊的あるいは精神的治療家としての地位の公認をかちとるべくその一生をささげたのが、みずからも霊術家であった清水英範（芳洲）である。

かれは山梨県の一寒村の生まれ、大志を抱いて諸国放浪後、海軍に入り、日露戦争終結とともに野に下り、新聞記者をしていた人物である。海軍時代から文筆にすぐれ、ときの催眠術ブームのもとで各種の霊術をマスターしていたので、霊術家のとりまとめ役としてはけだし、最適の人材であったといえよう。英範の霊術界における功績の第一は、専門誌、『精神統一』の創刊（大正九年）であろう。

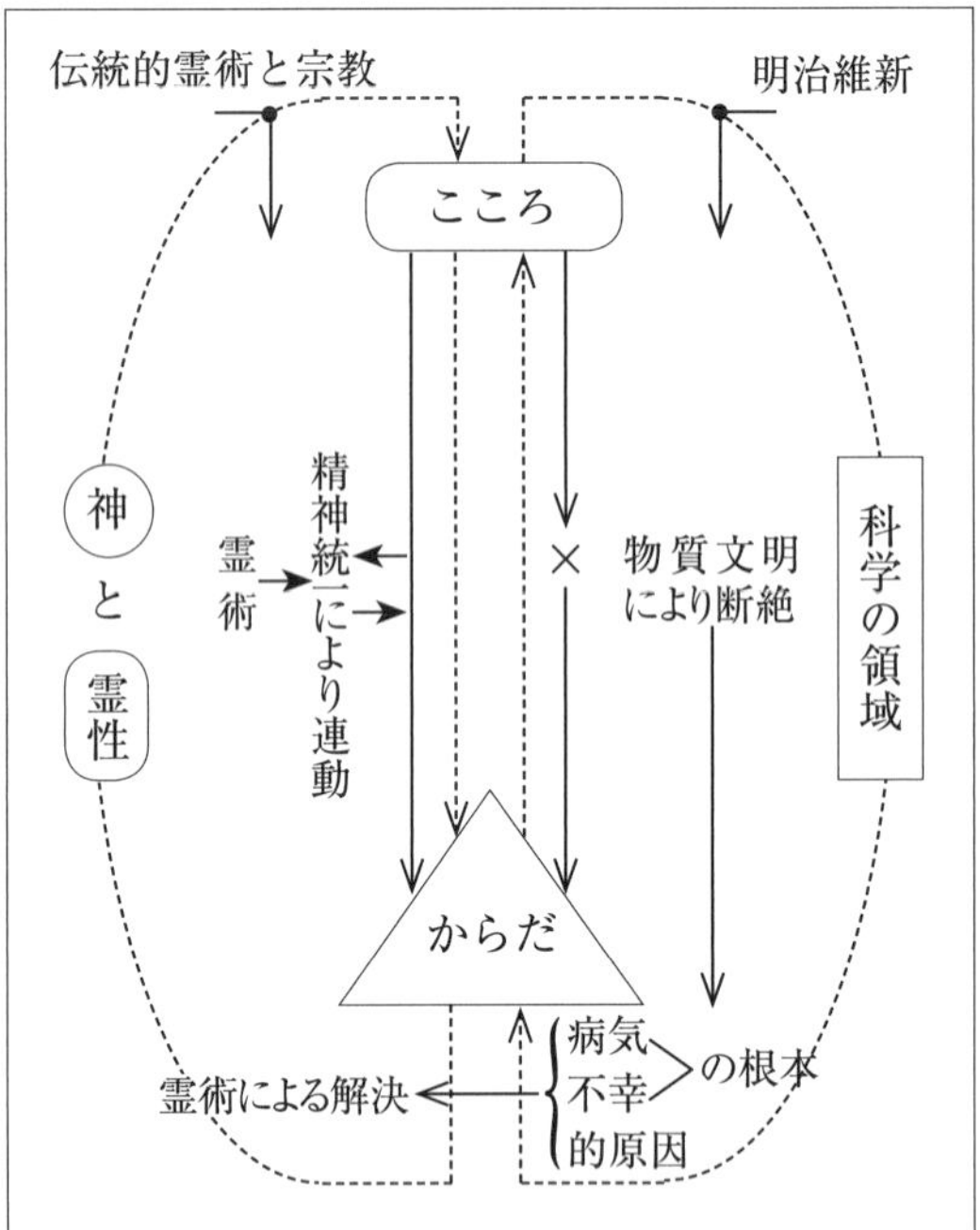

図1　霊術の原理

『清水式瞬間催眠術』という著書を世に送るや（明治四十二年）本郷に「東京心理協会」を設立、催眠治療の普及のため東奔西走したかれは、その温厚誠実な人柄のゆえに、たちまち精神療法界のスターへの階段を昇りつめた。その間に、物質主義医学と対抗し、さらにその医学を超えるものとして〈霊術〉〈精神療法〉を位置づけ、すべての霊術の基本となるのは「精神統一」であることを悟り、この特殊意識状態に入る方法として独自の技法を工夫し、〈清水式精神統一法〉を発表、同名の著書、を公刊している。

ここにおいて霊術は、現代においてすら一部の人びとの間で機能している〝心と身体を連続的にとらえ、内界が外界を支配するための、超常的な霊的精神的回路である〟という定義を獲得したのである。そして、ありとあらゆる霊術はその実践において〝完全なる精神統一〟のもとではじめて、奇跡を生起させる手段となりうる、という〈霊術原理〉を白日のもとに曝したのである（図1参照）。

霊術家の時代は昭和に入ってからも続いていた。昭和元年を切口とすると、図2のような分科が先駆者によって開拓され、実践されていた。

時代が人間に要求する体面および、人間であること、人間として生きてゆかねばならないこと、この三つが原因となって振りだされる大衆の不安を受けとめ、そして自らもそれを業として生計をたてるプロが霊術家であったのだ。

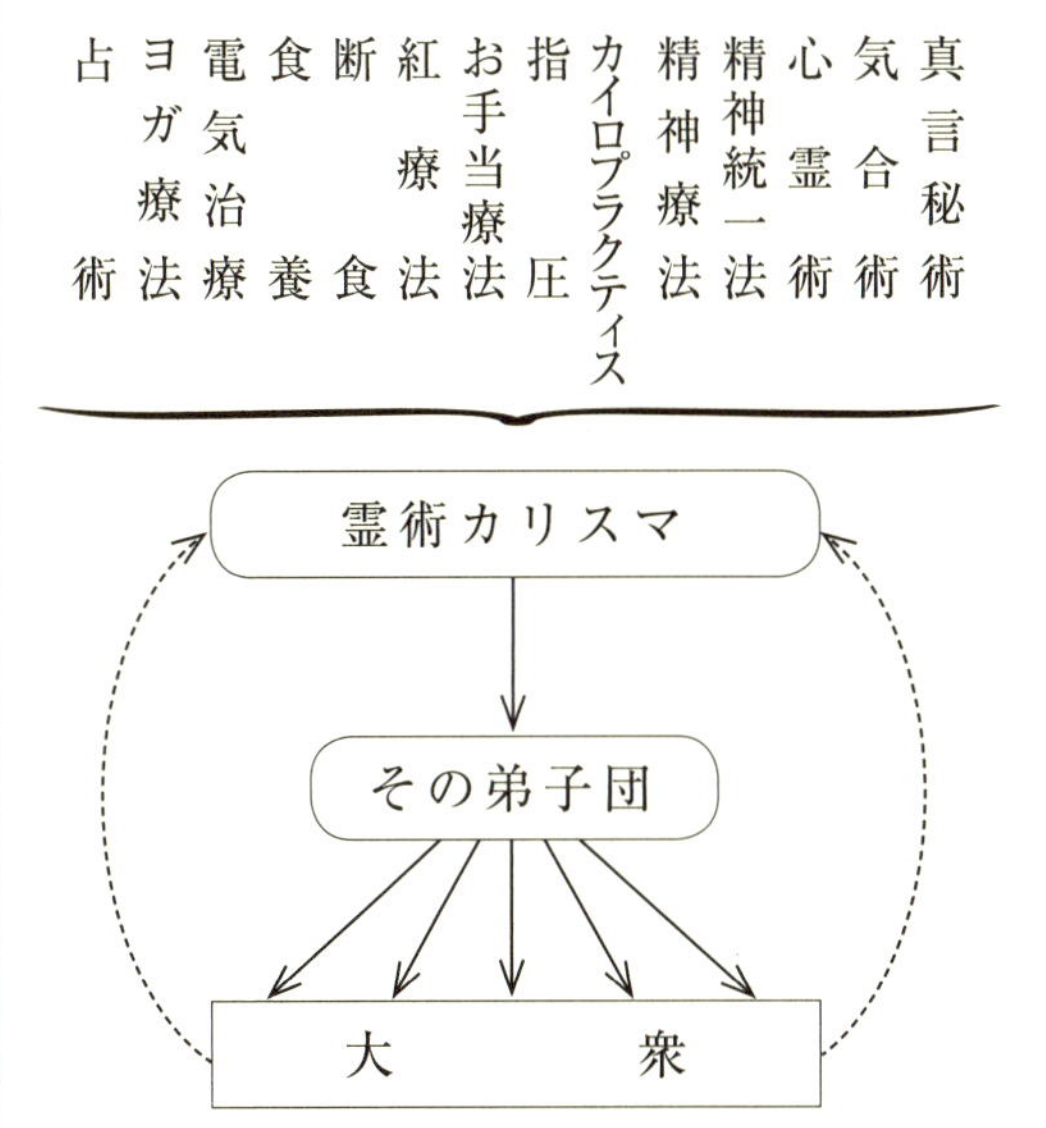

図2　霊術のメニュー（昭和元年頃）

読者は図2の霊術メニューをみて、現代のことだと錯覚されるのではないだろうか？　無理もない。いつの時代にも不安がいっぱいで、特にご利益信仰を真の信仰であると長年にわたって錯覚してきた日本民族は、この不安を吸収してくれるもの、つまり霊術を昔も今もつくりだし、その利益を享受してきた。

大衆のなかでこの方面の才能に恵まれた者たちは、時代性と霊術を身体いっぱいに吸収し、こんどは自分が満を持して霊術カリスマとして大衆の前に躍り出るのである。つまり、カリスマはかつて、まぎれもなく現実の不安におののく大衆のひとり、霊術家ではない素人であったのだ。

霊術家・星天学は『全国霊界秘術』（昭和七年）のなかで、二十七の霊術団体とその霊術を紹介している。当時の霊術家群像の何人かをあげておこう。

江間式霊術・江間俊一、太霊道・田中守平、千里眼道揚・秋光晃栄、本能療法・岩田篤之介、交霊感応気合術・石川素禅、人体ラジウム学会・松本道別、桑田式霊術・桑田欣次※、天真道霊術・田村霊祥※、身心改造気合術・桂尊霊、リズム回元術・粟田仙堂、洗心流霊・松原皎月、その他、野口晴哉☆、宇佐美景堂△、松本茂◎、薄網和一◎、中井房五郎☆（自彊術）……、（以上、主として雑誌『精神界』（清水英範主宰、昭和五年を参照）。

ブームは同時に玉石混淆、石ころ霊術家たちをも簇生させた。当局の眼がけわしくなった。子供だましの〝霊術〟で人心をたぶらかし、大枚をまきあげる者たち、ありもしない〝奇跡〟をでっちあげ大衆の気をひき、正しい医療機会を失わせる輩が続出したのである。一方、力量があり、物質医学に対抗併立する〈精神医師〉の公認を夢みる真正霊術家たちは、ブームのなかに不幸の足音を聴きとりながらも、切歯扼腕するばかりであった。

『精神界』昭和五年十一月号は、警視庁保安部が摘発した心霊術者のデータをかかげているが、取調べをうけた者二百名、そのうちトリックを用いていた者六名、神がかりを称していた者十名、心霊能力なりと称する者三十名、神仏のお告げを称する者十七名で、そのうち特に悪質な者には詐欺罪が、また、おおくが警察犯処罰令第二条十七号で、それぞれ処分されたとある。同じ誌面で清水は、『精神界』を機関誌とする「大日本精神医師会」のメンバーはひとりとしてリストに含まれていなかった、と安堵している。

清水英範を軸とする「大日本精神医師会」は、精神療法（つまり、霊術）の公認と、制度化こそが問題解決の本道であるとして、国に度々陳情、政界工作をくりかえしたのである。今日からみると誠に驚くべき話としかいいようがないが、この霊術家運動の歴史的事実は、ブームのさなかにあった当時、霊術がいかに大衆に支持されていたかを証す証左であると思われる。霊術家たちの背後には、大衆という巨大な応援団がひかえていたのだ。

しかし、先駆者天然がそうであったように、この運動の結末は無残であった。

当局はブームのゆきすぎに歯止めをかけるためと、インチキ霊術の蔓延を防止するという大義名分のもと、まず、明治四十一年、「催眠取締令」を公布、その後、霊術に向かった非医師治療家たちの動きにとどめをさすように、「療術取締令」を発したのである（昭和五年十一月二十九日、「警視庁令第四十三号）。けれども、当局としても真面目な霊術家や大衆の支持を無視することはできなかった。同令によると、いかがわしげな霊術はだめだが、当時あちこちで産声をあげていた〝指圧療法〟、電気、光線などの〝物理療法〟〝心理精神療法〟などは、施術所をかまえるなど一定条件をみたしたうえ、届出ることによって、許可するという道をのこしたのであった。

ブームは法令発布によって、確実に鎮静するとともに、当局の取締りはいっそう厳しくなった。

こうした霊術大ブームは一応、下火となり、霊術家たちはおおむねつぎの五つの方向に再編成されていったのである。

(1)精神療法派＝清水英範らの一派
(2)物理療法派＝前述団体に◎印を付した人びとがその例である。
(3)健康道派＝同、☆印の人びと
(4)霊術的宗教派＝同、※印の人びと
(5)心霊術的宗教派＝同、△印の人

その後、第二次大戦の足音がこの国に近づくに従って、(1)群の事実上の霊術継承者たちの姿は歴史のひだにのみこまれ、消えていった。(4)群は、戦下にあって厳しい弾圧にさらされたが、このことは(3)群(5)群も同様である。最も現代医学の道理に近かった(2)群だけが、かろうじて、プロ療術家として大衆のニーズを汲みあげ医療の不備を補っていたのである。

マッカーサーがサングラス姿でこの国に到着するとともに、ありとあらゆる日本的なものが選別の嵐にまきこまれていった。漢方、鍼灸、そして療術家なども例外ではなかった。医者以外のすべての治療家、西勝造などの健康道の主唱者すらもが、GHQの審判にさらされたのである。その反面、民主主義《デモクラシー》の名のもとに〈宗教〉だけがひとり、この厳しい時代の審判をスルリとくぐり抜け、つぎつぎと開教されていった――、つまり第二次新宗教ブームが一気に招来されたのだ。

……こうして、霊術も霊術家も、死語の世界に入ったのである。つまり、幻という字を冠するのにふさわしい過去の遺物になったのだ。

この幻の系譜をたどりつづけて十五年、私はいま、私の著（前出、『霊術家の饗宴』）とこの一文を、幻の霊術家たちに鎮魂を込めて贈りたい……。

しかし、この日本がある限り、霊術は決してすたれない。医療当事者の金権体質と黒い奢りの饗宴がつづく限り、大衆は新霊術を求めてさ迷いつづけるであろう。

現代における霊術、それは信仰と化した健康食品、超エネルギーを発するとされる奇妙な器具群、誇大な効果を唱う健康機器、こころの平安を招くとされる脳波装置、それに薬石とイオン水……それらがもし、霊術臭をふりまきすぎると、きっと当局の手入れを受けるであろう（事実、いくつもがすでに取締りの対象となっている）。加えて、一攫千金を可能とするマルチ商法の数々（それは、錬金霊術に近い）もまた、現代に横行している。

そして――、私の研究によると、図1にみられる霊術の原理と、図2の霊術メニューの数々は新宗教のなかに生きのこり、しっかりと保存されているのだ。また、心霊術は近時その専門家をつぎつぎと生みだしつつある。

が、維新が生んだ宗教でも科学でもない鬼っ子〈霊術〉は、この地上から忽然と消え失せてしまったのである。

終章、故郷の光景

昭和六十年一月二十六日、私は紀勢本線〝紀伊長島〟駅に下りたった。

黒潮が運ぶ暖気によって、この土地は真冬とは思えない風光のなかでキラキラと光っていた。濃いグリーンの山々、肌を打つぬめった潮風、どこまでも青い大空、〝まるで春だ、この土地は〟、と私は呟いた。海を望むと入道雲までがムクムクと頭をもたげている。

……初の長島入りの翌朝、まるでスコールのような大雨に見舞われた。一応の取材成果があがり、帰阪の段となると、朝の嵐はどこへやら、夕焼けが入道雲を真赤に染めていた。浜にすわりつくし、太古からの潮騒に身もこころもゆだねながら私は、日本人のこころとは、霊術とは、と海に問う思いであった……。

そう、ここ紀伊長島は、かの快男子・浜口熊嶽の故郷なのだ。

この風光がかれを育てた。

典型的な貧しい日本の漁村、この生活の苦しさが、山林修行の道へとかれを誘導したのだ。少年時代の那智山での修行と京都三宝院での密教僧生活、しかしその詳細は歴史時間の壁にはばまれて定かではない。

ともかく明治二十七年、弱冠十七歳のかれは和歌山に姿を現わし、求めに応じて「エイ、エイ、パァ、パァ」の気合術を施しはじめたのだ。

その絶大な人気、官憲との仁義なき闘いの様子は冒頭に記したとおりである。二十歳そこそこでの故郷への凱旋、そのときすでにかれは幼少時のアダ名、「ハナ熊」「阿房《あほ》熊」「鬼熊」にふさわしい容姿ではなかった。〝青春〟にはちきれんばかりの強大な体軀、人気行者としての強烈な自信が全身にみなぎっていたことだろう。

全国はおろか、[3]世界の熊嶽をめざしてアメリカや[4]朝鮮までも股にかけ、気合術旋風を巻きおこしていった熊嶽、かれのこころにはいつも、この故郷の光景が焼きつき反芻されていたにちがいない。怒ったかと思うと笑い、鬼のように対面者を威嚇したつぎの瞬間には昔語りをはじめ、しんみりとした気分に浸る熊嶽、その複雑な人間性をつちかったのは、この風土にちがいない。

今回の長島入りの目的地である海辺の「土井ノ内」に近づくと、この小さな町には珍しく、大勢の人びとが集まっているのが見えた。今日はこの町にとってめでたい日なのである。それは、何と、故郷の巨人〈浜口熊嶽師之像〉が建立され、この日、除幕式が行なわれることになっていたのである！

土地のジャーナリスト北村博司氏（紀州ジャーナル社）は、ふとしたことから浜口熊嶽の業績について知り、以後、十年にわたって資料の収集と生存関係者の取材を行ないながら、『紀州ジャーナル』紙上に「熊嶽伝」を連載、昭和五十七年『奔流　浜口熊嶽の生涯』を出版された（同社刊）。

それは奇妙な暗合であった。

同じころ私も熊嶽という人物と出会い、調査を開始していた。その後、研究のゆきづまりを打開するために、五十八年三月、この地を初めて訪れた私は、北村氏の著とめぐりあうことになったのだ。こうして、北村氏の仕事と私の仕事がひとつの相互作用によって増強され、地元有志の間に〝忘れ去られた巨人〟の顕彰の志が一気にふくらみ、町の助成金を得て熊嶽像建立計画が具体的におしすめられることになったという。

町内の家々を戸別訪問する有志たちは驚くべき成果を得た。熊嶽は表面上、忘れ去られた巨人であったが、その実、土地の古老たちは、赤羽川護岸工事、道路の拡張、天災時の精米配布、消防団の結成、青少年育成の根拠地「青年クラブ」の寄贈などの熊嶽の故郷への貢献をしっかりと記憶し、後世の者たちに語り伝えていたのである。募金は最終的に町助成金の九倍にものぼったという。

景勝の地、江の浦に面した建立の地、土井ノ内は熊嶽の生家に近く、「青年クラブ」の横である。紅白の幕がはりめぐらされた小さな遊園地の中央に、白布に覆われた熊嶽像が青空をつき破るように光っていた。

郷土の人びとの思いの結晶である熊嶽像が「盛大な拍手に迎えられて姿を現わした。紋付袴にいつになく威儀を正したその姿は、午後の太陽にキラキラと光る熊野の海を仰いでいるようであった。北村氏の司会のもと、「浜口熊嶽翁を顕彰する会」代表・東才八氏の挨拶、土地出身の全漁連会長・宮原九一氏、町長、その他の人びとによって熊嶽の思い出話がつぎつぎと披露された。

祝辞を述べながら私は、まぶしい陽光のなかに、「わしのことを顕彰してくれるのかのう、わしは好きなように自分の一生をつっ走っただけなんじゃ」と照れる熊嶽の声を聴いたような気がした。

除幕式も終わりに近く、謝辞を述べるために、父熊嶽像を背にした稔氏は一瞬、言葉を見失い棒立ちになった。両の腕がぶるぶると震えている。顕彰はおろか忘れ去られていた幻の気合術師熊嶽はいま、故郷の地にすっくと立っている……事情あって、戦後まもなくこの土地を去り、大阪の地にあってつぎつぎと襲いかかる苦労と闘いながら三男一女を育てあげた稔氏、かれを、熊嶽は再び故郷に呼び戻したのだ……。去来する思いに必死に耐えながら、かれは茫然と立ちつくしていたのである。それは、痛ましくも美しい光景であった。

いったい日本人にとって霊術とは、霊術家精神とは何なのか？

また、日本人にとって父とは、父性（父らしさ）とは何なのか？

熊嶽はまさしく、その典型的な答であったと思われる。

全国行脚から帰ると熊嶽は、長島町松本にかまえた〝ご殿〟と呼ばれる豪壮なお屋敷で毎夜、ドンチャン騒ぎにあけくれたという。故郷はまさしく、かれが身もこころも預けることができる母なる大地であった。充電の期間が終わるとかれは再び、救いを待ちうける大衆のまえに勢いよく飛びだしていった。

この熊嶽の「陽画」に対して、息子稔氏はもうひとつの秘められた「陰画」の存在をあかしてくれた。人びとが二階の大広間から去り、ひとりぼっちになると熊嶽はひどく夜を恐れたという。鬼の気合と、夜を恐れる大男、それが熊嶽の実像であったのだ。

霊術を媒介物として〈大衆の父〉でありつづけた熊嶽はその反面、身内には厳しく冷たかった。この矛盾した父親像は、青年期の稔氏には理解を超えたものであっただろう。息子が気合術師にむいていないことを見抜いていた熊嶽は、大学入学をすすめ、かれの進路をかれ自身の選択にまかせたきり、冷たくつき放したのである。

しかし、昭和十八年、病床に就いていた熊嶽は、兵役にとらわれていた稔氏の身を案じ、酒をあび、いっそう病状を重くしていったという。霊術家——街中の小カリスマは、民衆の病苦の悲しみをひきうけ、救いを与える運命を課されていた。この逃れがたい運命の金縛りにあって、かれらは良き〈家庭の父〉であることを断念せざるを得なかったのである。

男としての熊嶽は多数の愛人を囲う陽性で行動の人であった。けれども、かれに生きる気力をふるいたたせたものは金でも女でも、そして家庭でもなかった。それは、故郷の呪力であったのだ。この赤裸々な熊嶽像、それこそが日本人の父性のプロト・タイプではなかったか。

現代、すべてがいじましく萎縮した時代に、熊嶽や天然、守平らの骨太な霊術家の再来をみることはないかもしれない。息子たちに苦難の人生を与え、いずこもなく消えていった霊術家群像、それは日本人の父性を鮮やかに体現した宿命的な人びとであった、と思えるのだ。

前面は海、後面を紀伊山脈に囲まれた紀伊長島町、その山々を越え、縫い、黙々と松阪めざして走る長距離バスの車内に落ちついた私は、紀伊長島町の清楚なたたずまいが小さくなってゆくのを、ぼんやりとみつめていた。

確実に、ひとつの仕事が終わったのだ。

「さようなら、熊嶽さん。でもまたきっと来るよ」

紀伊の風光は依然としてあまりにも美しく、日本の故郷の光景がいつもそうであるように、ちょっぴり悲しくみえた……。

（大谷淳一氏による）

注

〈1〉「横浜貿易新報」明治四三年一月一二日付によると神奈川県藤沢大鋸の感応院で治療を始めたとある。

〈2〉「防長新聞」明治三七年一二月二〇日付によると妖僧熊嶽の法力実験と題して公判前日に公開実験がおこなわれたとしている。

また「防長新聞」明治三七年一二月二五日付けに浜口熊嶽の無罪が報じられている。

〈3〉各地元の新聞によると浜口熊嶽は、明治三〇年には和歌山県和歌山市、明治三二年には大阪南区天王寺、明治三七年には静岡県磐田、三島、明治四二年には愛知県名古屋、広島県広島市、明治四三年には神奈川県の藤沢、茅ヶ崎、横須賀、横浜、埼玉県の川越、熊谷、本庄、浦和、秩父、群馬県の高崎、藤岡、桐生、伊勢崎、前橋、館林、栃木県の足利、長野県の松本、上田、山梨県の甲府、明治四四年には茨城県の水戸、福島県の郡山、福島、山形県の米沢、山形、新庄、青森県の青森市、北海道の小樽、札幌、旭川、函館と全国を訪れ施術を実行している。

〈4〉サンフランシスコの邦字新聞「新世界」大正二年五月一九日付けに「コレア号の珍客濱口熊嶽」と題しての記事が掲載されている。この記事によると熊嶽は先にハワイを訪れホノルル市の望月倶楽部において摩訶不可思議な実験を行ったとしており、熊嶽のサンフランシスコへの上陸は大正二年五月一九日の朝となっている。

第三章　清水英範と霊術家の時代――【清水英範】

修霊教化団々長・清水英範

昭和三年の師走であった。

東京本郷駒込神明町に本拠を構える修霊教化団の雑然とした事務所は静まりかえっていた。しかし、その一隅に座りつくして物想いに耽ける一人の男がいたのである。最後の来客も去り、戸外は暗闇、いつもと変らぬ多忙のうちにその日も過ぎ去って、早や夜の寒気が室にしのびこみ始める時刻になっていたのだ。しかし今日の予定が全部終了したわけではない。八時から、内弟子と講習生を相手に心霊哲学と病苦超越法を説かねばならないのである。

男は精神療法家、霊術家として斯界《しかい》に名高い清水英範《えいはん》である。彼を飾りたてるはずの肩書きは、その割には少なかった。修霊教化団々長、雑誌『精神界』主幹、そして、名誉顧問に国粋の泰斗、頭山満と大日本救世団の姉妹団体としてその名を広く知られた統一哲医学会々長、中村天風[1]の二人を仰ぐ「日本心療師会」の一役員にすぎなかったのだ。

その背後に控えるキラ星のような名士たち……、候爵小松輝久、伯爵上野正雄、その他多くの男爵子爵連をはじめ政治家、高級官僚、博士たちの威光のもとに、精神的指導者としての名をほしいままにしていた中村天風は、それにふさわしい氏素姓の人物であった。滋賀の名家の長男として生まれ、外遊二回を数えた後、実業家に身を投じたが霊術に非常な関心を抱きついには、精神療法家として皇族各宮の前で講話するまでになったのである。それにひきかえ英範は山梨県の寒村に生まれ育った、一野人にしかすぎなかった。骨太で短軀、低いがよく通る演説なれした声をもち、その眼は光ってはいるが、怜悧ではなく、人柄の温かさを感じさせた英範であった。名士たちは彼の好ましい一徹さゆえに警戒を解き、一目置く態度で接していたのである。それは英範生来の徳というよりも、五十路を歩み始めた男の築きあげた信用に萌《きざ》すものであったのだ。

清水英範（明治40年頃）

たまたまぽっかりと空いたその時間に、英範が想い起こしていたのは、そんなに昔の出来事ではない。世間一般と比べるとその椅子に座るまでの彼の人生は、正に波乱万丈といえるかもしれない。が、過去に生きる彼ではなかった。前をみて走るだけ、この若者のような気概が心中に脈打っていた。内省の習慣を持つ者にとって、人生はまことに不思議なものだ。一見、偶然にすぎないように見える出来事も、同種の事態が連綿すると、愚鈍な人間にも、それが必然であったか、と悟ることになる。時としてそうした必然が、人間をある特異な人生パターンへと、強力に牽引《けんいん》することがある。英範自身は常に、近未来の光に向かって走ってきたにすぎない。明治人の一つの典型であるかれの生き方は、時代の本流を占める趨勢であった。維新という引き金がもたらしたアノミー状態は、この時代の底流に、集団ヒステリーの可能性だの価値基準の急変、そして根深い人心の不安を内包していたのだ。浮く者は浮き、沈む者は直ちに水面から見えなくなるという、無数の冷酷な事実が昨日までの色褪せた歴史の中に塗りこめられる時代に、ひたすら何かを求めて走る英範の生き方は一つの必然的な帰結形であったのだ。明日何が起こるか解らない時代のまっただなかで、大志を抱き激烈な衝動に常に晒されている男にとって、これが最も賢明な生き方であったのだろう。

英範の胸は躍る。熱い未来への希望が潮のようにこみあげてくるのであった。

瞼を閉じると、拍手の音と真剣な表情のあの顔、この顔がよみがえってくる。未来にとって自分は大変な働きをしたのだ、と思う。人心を真に救う医術は此所にしかない、心と霊の視点を喪った西洋医術の歪みを自分が、同志たちが救い正さねばならん、と彼は考えていたのだ。ほんの二カ月前、十月二十二日からの七日間、日本大学医学部講堂で開催された「第一回精神療法特別講習会」[2]の追想は彼にとって、いまだ熱く胸中に燃える会心の記憶であった。

それは、明治三十年代以後、雲霞のように出現した〈霊術家〉たちが明るい将来への展望をふまえ、三十余年を経て一堂に会した歴史的な七日間であったのだ。実質的な運営責任者であった英範の心が、二カ月経た今も、ときめき続けるのは無理からぬことであった。それは、甲州男子が夢中で生きてきた五十年余の、良好な一大決算なのであった。

歴史の証人

今の世代にとって「明治維新」はノスタルジーのなかに浸っている石のようなものだ。その時代を経験しなかった一人として、私とて同じことである。何かの機会に見たブラウン管やスクリーンに登場した明治の人物たちは、なるほど笑い泣き、争って死んでいった。血も見た、涙も見た。しかし、俳優の演技や優れた演出によってそれらの人々に共感できても、時代精神や国を覆っていた重圧感や不安を実感することは、もはや、できない相談である。が、実際には、人間が織りなす集団と個の錯綜の絵模様の中に時代精神や当事者にかかっていた心理的負荷が、色濃く浮きでているのだ。政り事の方針や法律の変遷は重要な座標である。同時に、時代のモーメントに（結果的に）なった人々や、特定特異集団の動向消長が、それらの座標にからみついている。

ふとしたことから十数年前に私は、明治末期から昭和初期にかけてのたかだか三十年間に出現し消えていった〈霊術家集団〉の存在を知った。ピーク時の霊術家の数が、下目に見積もっても数万人にのぼる、という事実を記載した文献と遭遇して、私の関心は異様に昂ぶったのである。それについて記した戦後の文献は一切ない。何故だろうか。興味が募るままに文献収集を続け、その発祥と断絶の年代記《クロニクル》が完成したのは、ほんの数年前のことなのである。詳細は拙著『霊術家の饗宴』(3) にゆずるとして、この稿では、霊術家の一人、熱血とバランス感覚が奇妙に調和していた人物、清水英範を通して霊術家の時代をみていこうと思う。歴史は後世の研究者のために、公正で冷静な証人を各時代に配置する。現代からふり向いてみると、彼こそがウォッチャーであったのだ。

私は一連の探究を通して、幸せにも、その時代の様相と同期し得たうえに、われわれ日本人の心中深く秘められた底流の、ある局面へと侵入してゆくこととなった。いわば、英範はその底流への、水先案内人であったのだ。

催眠の時代から霊術へ

さて、ここで英範出現の背後にあった時代背景をみてゆこう。

本邦初の学術的心理学雑誌『心理研究』(4)第一号(明治四十五年一月刊)はある人物の訃報を掲載している。

▽小野福平氏　催眠術家として知られたる同氏は心臓麻痺のため昨冬十一月十四日午後六時三十分死去せらる。生前の出版にかかる『小野催眠学』広く世に行はる。享年四十有余歳。

同じ号に、赤紙に大きく『改版　精神霊動』『改版　実験記憶法』の二著作名を刷り込んだ広告がはさみ込まれている。著者は故天然逸人桑原俊郎。前者の惹句「本書は実験を基礎とし催眠術の原理方法より霊妙不可思議なる精神霊動の各現象を挙げてこれを解決し更に宗教の範囲に論及し根本的に説明を試みしもの教育家は勿論何人も一読すべき価値あるを信じ敢て江湖に薦む」。

現代からみて、五篇のまともな心理学論文に加え、他に二篇の奇妙に感じられる論文が収められている。①「珍しきプランセットの実験」文学士・速水滉、②「骨相と人相」ドクトル富士川游、がそれである。①は二十二歳のすこぶる催眠暗示に敏感な女性を被験者にして、自動書記に依る短歌創作をせしめた実験報告なのであるが、「革命の心理」だの「青年の宗教心」などという他論文とは肌合いが違っている。発刊の辞を元良勇次郎博士が、もう一人の発起人で当時催眠学博士として有名であり後に念写研究で東京帝大を追われた福来友吉博士は「国民教育と軍隊教育」なる一文を、それぞれよせている。

これらの誌面づくりは興味深い。

明治維新以後、急速に移入された西洋科学の一分野「心理学」が日本の土壌に根ざすまでには、実にさまざまな軋轢を経験したのである。とりわけ催眠術の到来とその大衆への普及過程は、その人心操縦術的な毒性のゆえに、悲喜劇に満たされていた。誰がみても面白い（仕組もうと思うといくらでもその毒を増強できる）催眠ショーが町々を徘徊し始めたのは明治二十年代の終わりであった。それ以前にも榎本武揚、江原素六、大沢謙二（医師）、高島平三郎（心理学者）、鈴木万治郎（医師）という不連続な催眠研究の系譜が存するが、何といっても小野福平の出現と彼による大衆への普及によって、先年のユリ・ゲラーのブームに匹敵すると思われる〈催眠大騒動〉が明治四十一年まで継続したのだ。彼が宇都宮に大日本催眠術奨励会を創立したのは三十三年であるから、ブームはおよそ八年続いた。

四十一年、当局は断を下す。警察犯処罰令による「催眠濫用の禁止」である。

ブームの最中、石井ブラックらの催眠ショーマン、浜口熊嶽《ゆうがく》らの気合術師、そして小野福平の追従者たち、横井無隣、山口三之助、竹内楠三らが振り出されたが、これら一群のブーム遂行当事者とは別に、村上辰午郎、桑原天然、福来友吉といったインテリ催眠研究者が出現した。洋の東西を問わず、催眠術が習得容易で、しかもその（やりようによっては興味本位なショーにでき、困ったことに病気治療に応用できるという長所が、同時に短所である）効能がはっきりと眼で確認できるという特性は、広く民間に興奮と混乱をもたらしたのである。民間の催眠業者が競って行った誇大な病気治療の広告と施術、術の失敗による障害の蔓延などに促されて、ついに禁止令が発令されたのだ。とりわけ万病に効くという広告と治療行為の実践、癌など、重大な器質的疾患への公然とした応用は、医師らの反発と学者による警言をまきおこした。ブームの末期に、催眠術師たちは術の効果を高めるために宗教教理、心霊哲学、広く民間に行われてきた加持祈禱等を取り入れ、祈禱、お手当て、催眠と暗示を術の三本柱に据えて、〈霊術家運動〉(5)をくりひろげていったのである。その最大の雄が桑原俊郎であったのだ。彼の名とその「精神学」は今日の著名宗教人に劣らぬくらい知れ渡っていた。桑原は明治三十八年、劇的な死を遂げたが（その経緯は前出の拙著『霊術家の饗宴』を参照されたい）、その後を追うように他界したもう一人の巨大な先達、小野福平の死を『心理研究』は伝えているのだ。

東京帝国大の学者たちによる〈学問〉としての心理学は民間の催眠術師代表の小野と、当時からいかがわしさが批判の的となっていた霊術の大家、桑原に許容的であったのだ。しかし、この態度は例の念写事件を引責する形で福来が東大を去って以後一変する。民間から乖離し、権力の頂点から周辺を睥睨《へいげい》する体質を強化しつづけた東大の気風は、こんな所にもあったのだ。三人のノーベル賞受賞者を輩出した〝自由な学風をもつ〟と言われる京大が東大を出し抜いてきた事実は、庶民にとって痛快至極ではある。

ともかく、小野の死によって催眠の時代は終わった。法令の前に催眠業者たちは死活問題に直面した。が、道は唯一筋、桑原によって開拓された〈霊術家〉の衣を身に着け、その営業案内を変えることなく「霊術家の時代」に突入してゆくのであった。前期霊術家時代の最大のカリスマ、太霊道開祖田中守平《もりへい》はそのころ清国に渡り、帰国後の大宣布を期して霊人の名をほしいままにしていた。一方、時を同じくして、われらが清水英範は運命の糸に操られるようにこの世界に参入し、「東京心理協会」の看板をかかげ、精神治療による病気治療の名人への第一歩をふみ出していたのである。

明治四十五年、それはまさに風雲急を告げる年であった。

霊術家として立つ

英範の人生の第一期は海軍生活の時代である。

血気盛んな少年時代に彼は、とりあえず大望を満してくれる場所として軍隊を志願したのである。明治の世も中期ともなれば、混乱した世情も落ち着きをとり戻し、春の気が人々を新たな行動に走らせるように、若者たちは一旗あげて故郷に錦を飾ることに大きく胸をふくらませた、そんな時代精神が漲っていたのである。

主計部勤務の彼であったが、第一の国難、ロシアとついに戦火を交えるに至った日露戦争勃発ととともに、軍艦に乗り込むことになった。しかるに無念、近海警備の任に当った彼は、国威発揚を実感することができたにちがいない日本海海戦にも、壮烈な旅順閉塞にも結局、参加できずに終わった。無念に暮れる彼はそのウサを晴らすべく、艦上にあって、日常のことから小説風のものまで雑文書きに手を染めることになった。美文とは言えないが、簡潔で率直な筆の走りは直ちに注目を集め『日露戦実記』（博文社）に採用され、子爵小笠原長生の目にとまることとなった。小笠原の題字に飾られて『海軍軍人必携』『海軍講話下士卒生活』の二著が間もなく出版され、子爵と永く厚誼《こうぎ》を結ぶこととなる。

後年の小文「精神主義宣布の二十年を回想す」(6)のなかで英範は記している。

「モシ予は霊界（筆者注・霊術の世界のことを当時こう呼んだ）に入らないで、文筆に精進したならば、或は一小文士として、文壇の人であったかも知れぬ。併し其の後の生活は予をして文筆から遠からしめたのである」（以下引用同）

その後の生活――つまり霊術の世界に飛び込む前に、彼は海軍を退き「操觚界に入り社会風教に資し、真に木鐸ならんとした」のである。あるいは日本海海戦で一命を落したかもしれない時局に軍隊に奉じながら結局、大した戦火をくぐることもなく運命はとりあえず彼の文筆の才を光らせ、海軍軍人であるよりも、新聞界に身を投じるように働いたかにみえる。何かをやり遂げねばならぬ、という一人の甲州男子の想いが、その表面的な理由なのであった。こうして新聞記者としての彼の人生の第二期にあたる部分の第一歩が、門司新報入社によって開始されたのだ。後に発揮された並外れた行動力と、文筆にみられる繊細な感受性を満足させるには、良い職業であったにちがいない。しかも、英範自身の言葉によると、その後、福岡日日、九州實業新聞、熊本日日新聞、豊陽新聞の各社に「招聘」されたのである。九州實業（後の九州新聞）では社会部長の椅子を与えられた。そのまま勤めておれば、役員の地位を得たであろうに、彼の心底に秘められていた気持ちの優しさと人生に何か真実なるものを発見したいという願望が、止めようもなく湧いてくる、ある事件が発生し、敢然と職を辞して一介の市井の人となるのである。この間の事情を彼の文章から引用しよう。

「同地切っての物持ちと許される富豪の令嬢が轢死を遂げた。予は自分の任務として、之れが原因を探求する必要があった。そこで部下を遣わして之れを探らしめたのである。然るに豈図らんや同令嬢自殺の原因は、曩《さき》に予の新聞に掲載せられた一小記事に端を発したことを知るに及んで、新聞は社会の木鐸にあらずして、却って世を誤り人を賊すものであると、ツク〲考えたのである」

第二の挫折である。彼は記している。「予は新聞に対する興味全く覚め、真に世を済い、人を救うの職業を求めたのである」。政界入りも考えてみたが無力であった。仏教書にふれてもみたが、何より真の済度力を失い単なる死者の供養業になり果てているその姿が承服しがたい。突然に神がかって否応なしに啓示者に成れたらそうしたかもしれないが、冷静な性格ではシャーマンに変身することもままならぬ。実は、こうしたタイプの人間の行きつく先こそが〈催眠術師〉であり、古来の宗教や当時ようやく本邦に渡来しつつあった心霊主義《スピリチュアリズム》、もともとは香具師《やし》大道芸人らが演じていた鬼面人を威《おど》す体の危険術（刀の刃渡り、人体熱湯釜ゆで等の芸）を、本質を変えないで採り入れ霊術治療を行う〈霊術家〉であったのだ。

何より力を身につけねばならぬ。普通人を超えなければ世も人も救えぬ――二つの挫折から得た英範なりの教訓が、これであった。明治三十八年、日本中が催眠術の驚異にひっくり返っていたころである。山口三之助『教育に応用したる催眠術』、山崎増造『催眠術及感応療法』、竹内楠三『実用催眠学』、福来友吉『催眠心理学概論』……入手できる書物のすべてを渉猟しつくし、次は実地である。たゆみない実験と工夫、東に師あらば東上し西に熟達の士あらば訪れ、彼の技倆はみるみる中に向上した。文才のある男だけに、催眠の本質が暗示語にあることを見抜き、独特の術をあみだしたのだ。そして「清水式催眠法と心理療法を大成し、これを人に施してみると驚くべき感応率を示した。殆んど百発百中の概があった」。ところが、そのころ催眠ブームはマイナス面を露呈しはじめていた。大道香具師の介入によってその声価を非常に失墜することになった――と英範は書き残している。それと上述の「万病に効く」式の宣伝は識者の眉をひそめさせていたのである。

英範は新聞社を去るや、直ちに高野山に登った。

修業の必要を感じたのである。管長宥範師について修業し、得度して後、明治四十二年、「かくて精神的にも学術的にも、乃至は技術的にも、確固たる自信を得たので、師の許を辞し上京して居を本郷元町に卜し、東京心理協会といふを始め、心理治療と催眠治療とに従ったのである」。

街にはすでに数多くの霊術家が道場や治療所を構え、それぞれが得意の術をもって、エイエイオーの気合も鋭く術を披瀝していた、その真直中にあえて、英範は新人霊術家として斬り込んでいったのである。

『糟神統一』誌発刊さる

英範の回想は続く。

小笠原子爵の引立てによって、東京心理協会は順調に発展した。福来友吉、村上辰午郎（東京農科大の教師であったが、野に下り心理療法家に転身）、松本道別《ちわき》（国粋主義者、霊学道場主）はじめ、ほとんどの著名霊術家との交流を持ったが、これは霊術界では稀なことであった。気合術、催眠術、触手療法、そして加持祈禱、交霊術にいたるまで、あらゆる法術の使い手である彼等は本質的に小天狗的カリスマであったから、自己への過度な、誇大妄想に近い信念がその存在を支えていたのである。物質を軽視し〈信念〉〈精神力〉だけが事態を動かす原動力である、と信じる彼らの信念が、同時に己れ自身だけが真実に目覚めた者であるという思い込みを伴うのは、当然であったろう。自分以外の霊術家は偽物、敵だと断言する輩も多かったのである。程度の差こそあれ露骨に表現しないまでも、誰もが敵を持っていた。考えてみれば正直な人々だ。われわれの心にもその構造がある。彼らは本音で生きたのだ。

英範はあの太霊道主元・田中守平とすら交際した。その稀有なカリスマ性ゆえに、大正年間まで最大勢力を誇示したゆえに、守平は霊術家の中でも最も孤独な一匹狼であったのだ。妬む者、中傷する者、逆にその模倣者に到るまで、守平の周囲は常にドス黒い霞に覆われていたのだ。その彼が他人を警戒しないはずがない。しかし、英範だけは別であった。これは英範の処世信念と人格の所産であった。

昭和三年に霊界廓清同志会なる編者によって（今日から見れば）奇怪な書物『霊術及霊術家』(7)が上梓されたが、何と、同書は当時の重大な社会現象であった非西洋医学的治療家集団「霊術家」三百十三名の住所氏名を記し、百三十六名について、生い立ちから術の内容、治療費に至るまで羅列したあげく、編集者による各霊術家の姓名判断を行い彼らの前途を断じているのだ‼ 必ずしも持ちあげだけではない、書名の頭に破邪顕正とあるように悪徳霊術家には容赦しない。たとえば、鈴木精神療養院・鈴木天来は次のように紹介されている。

「誰れやらが、遠隔治療※を罵って、

其の時間術士茶の間で晝寝かな

と駄句ったのを見たことがある。これを知らないものは、広告にツラれて遠隔治療を頼むらしいが、これならば山間僻地に居て東京の御客でござれ、北海道の患者でござれ、巾着銭をハタけるから、甘いことを考えついたものである。

（中略）同君は、毎月『主婦之友』に「遠隔治療」の広告を出しており、同誌の読者にも可成り依頼者もあるようだが、こうなると婦人雑誌が世を誤り人を賊することになる。（中略）同君は小学教員上がりで、霊能があるかドウかも疑はれる。その上遠隔治療代一週五円、半月十円、一月十五円取っているが、晝寝代としては余り高すぎる。五人も依頼者があれば、一月朝から弁当箱をさげて、勤めるより余ッ程よい。（中略）同君は姓名学上より見れば、陰陽明け渡し遣り放しの凶悪で、運命は大吉なれど人目に知れぬ辛苦が絶へぬのである。（住所氏名××）」

※遠隔治療＝患者の氏名生年月日と病名を知らせると術者が治療念力の送念時間を返信してくる。約束の時間に患者と家庭は祈りの受入体制をととのえて待つ。一方、術者は治療念力を込めることになっている治療方式で当時広く行われた。術者が念じやすいように写真や肌着を送ることもあった——筆者注

何ともアキれた霊術家である。

必死の患者に大枚を送らせ、祈るべき時間に昼寝しているというのだ。しかし、こういう輩は少くなかった。精神力の強大さを信じ、真面目に取り組んだ英範のような人物にとって、この手の山師霊術家の跳梁は、腹にすえかねたことだろう。霊術家から精神治療家へ、そして近い将来には当局を動かして心理治療を主とした「精神医師」への道を夢みていた彼は〈何とかせねば〉とアセルばかりであった。理想実現に向かって邁進する冷めた人々が日々、術の修練に励んでいた反面、詐欺まがいの霊術行為の横行も事実であったのだ。そして、つけこまれる弱い大衆がいた。彼らは西洋医学から見放された悲しい患者とその家族であったのだ。すがるべき藁しべを求めて走りまわる彼らのゆきつく先は〈霊術〉であったのである。いつの時代にもある矛盾、不治の病が人間を苦しめること。もとより身体は死をもって無に帰す。が、患者たちは死の臭いを恐れ、治してくれる人と場所を求めるのだ。英範たちは墓場の前に立ちはだかり、医者から患者を預りうけたのだが、山師たちは金を受けとるだけで結局、彼らを墓場送りにするに等しい行いをくりかえしていた。病気は商売のネタなのだ。

英範は決意する――正しい精神治療の大衆への普及と当局への働きかけ、そして破邪顕正悪しき霊術家の跋扈に歯止めをかけるために――斯界の専門雑誌の発刊を。限られた資金では乗るか反るかの大冒険であった。たちまち大車輪の活動が始まった。主旨への賛同をとりつけるために政官界はもとより、識者、同志霊術家の間を走りまわったのである。時に霊術家の数は二万余、国民の耳目は良くも悪くも斯界に注目していた。横暴極まる西医、儲け放題の医師、というイメージが広く定着しはじめており、抗性物質の発見、手術の安全化などが達せられていなかったので西洋医学の限界は今より一層明確に認識されていたのである。加えて健康保険の不備があった。いつの時代にも大衆は手軽な奇蹟《インスタント・ミラクル》を求めている、等々の事由が新医術〈霊術〉を容認しようという空気を形成していたのだ。たとえ、その中に毒が含まれていようと、上述の鈴木天来の例にあるように、大衆は奇蹟を求めてしばしば理性を失って行動するのだ。大正九年十一月、英範は同志の結集を終り、雑誌名も『精神統一』(8)と決定した。大正十年一月一日刊行された第一巻第一号の巻頭言に、彼は格調高く霊術界のこしかたを回顧している。

『精神主義の行はれたるや久し矣、顧ふに古代に於ける疾病治療法は、総べて精神療法にてありたるが如し。禁厭禁忌祈禱加持一として精神療法にあらざるは莫し。然るに物質療法一度唱道せられてより、又精神療法を顧りみるもの無きに至れり。されど精神療法は識者全く捨てて顧みざりしと雖ども、却って下層無知識階級に一の迷信とせられて、其の余脈を保ち来れり。(中略)一方有識者間に於ても精神療法の価値と意義を認むるもの相踵ぎ各種精神療法は一時に台頭し来れり。曰く何、曰く何、一々応接に遑あらず、又旺んなりといふべし。而して此等各種精神療法家は、各々己れを揚げ、他を貶し排斥せざるは莫し。等しく精神主義を標榜し、精神主義の普及発達を以って念とする者、兄弟擋めくが如きは、吾人の興せざる所なり。（後略）」

続いて心霊治療も精神治療も、その基礎が精神統一にあるから、かよう誌名を決した旨を記し「あらゆる人が精神統一を修得自得することによって、国民保健、疾病養生に資し、其大なる効果あるは等しく認識する所なり」と述べている。目次を開くと、正にキラ星のような執筆陣がズラリと並び、その最後は、十数年前に文士で身を立てようと決意した英範の夢は未だ消え果てぬか、自作の長篇小説「想の川波」で結ばれている。目次に登場する人々――文学博士村上専精、貴族院議員・安田善三郎、衆議院議員・望月小太郎、東京府知事・阿部浩、警視庁警視・菅呑海、内観寮会長・横井無隣、元霊界通信社長・岡野辰之介、村上辰午郎、江間式霊術開祖・江間俊一、太霊道主元・田中守平、人体ラジウム学会長・松本道別、命道霊理研究会長・秋山命澄、平民病院長・加藤時治郎、稲葉大霊道会長・霊光道人、心霊哲学会長・木原鬼仏、現代座禅法開祖・前野長治、精神研究会長・古屋鉄石、修霊鍛身会長・藤田西湖、養精会長・北沢照山、能力研究会長・桧山鉄心、帝国修養会長・前田霊泉、斉藤式生理学的治療・斉藤虎次郎――等々。

禁止例発布の直前までに、大阪を本拠にして講習録の通信販売の手を最大に活用し、三十万人の会員を擁したという大衆向催眠普及の先達、横井無隣をはじめ、東京市議会議長から衆議院議員へ、さらに何と霊術家に転身しその〈江間式霊術〉をもって明治末をピークに権勢を誇った江間俊一、斯界の大久保彦左衛門的役割を自認する一方、日露戦争後「皇室中心社会主義大日本青年義団」を率いて東京市電値上げ事件に続く大衆を巻き込んだ抗議集会を主催、勢い余って突発した交番焼打事件の首魁と目され、二年六ヵ月を小菅刑務所で過した憂国の士兼霊術家、松本道別、そのころ青年忍者としてその名をなしつつあった藤田西湖など、いずれも一筋縄ではゆかぬ男たちを結束した英範の手腕たるや、驚きの外はない。

前出『霊術及霊術家』によると「年五十左右、閲歴に富み誠実で、術に熟達して居ること、現時の霊術家中第一人者といふべきである」とあり、「頑丈な体躯の持主で風采立派で気品がある」しかも「平民的」で「恬淡、俊敏すぎる知慧の持主だが、奥床しい」などと評されて、読んだ英範もそのベタ誉めに赤面の体であったろう。他文献によっても同様の記述が多数みられるので、ここは額面通り受けとってよかろう。

『精神統一』誌が発刊されて以後、その趣意は満たされたであろうか? 同文献の伝える所を要約しておこう。従来の霊術家間には何の脈絡もなく、交流もなく、たがいに陥穽《かんせい》と攻撃にあけくれていた。その戦国時代に団結を推進し『精神統一』を機関として、霊界の廓清と革新を果したのは英範に資するところである。後に、太霊道亡び、大本教崩壊したのも同誌の力に待つもの多し、と言われている——と。

昭和の世までに彼は二度にわたって大きな栄誉に輝いている。その一は、大正八年元旦の国民新聞紙上において精神療法界の第一人者に公選され、その二は、大正十二年一月号『現代』誌の各方面人物投票に宗教家並に思想家の最高点を獲得したのである。

まさに、わが世の春、霊術家全盛の春を謳歌してよかったはずの英範であるが、機敏な智恵者の彼の心には依然として一抹の不安が存していたのだ……。

運命の日は突然に、(1)

所期の目的は達せられ、資金の問題もからんで『精神統一』誌はその後、一応休刊したとされる。が、その裏には個人的な休刊理由があったのだ。明治末年、ミチ子と結婚し、一男二女を授かっていた彼は、その晩婚ゆえに息子を溺愛していたのである。多忙がそれに拍車をかけた。何しろ一年の中、百何十日かは全国を巡行して術の教授にあけくれ、在京時には本部での教授と雑誌の編集、各方面との折衝等に追いまくられ、父親としての、ささやかな義務一つ果せぬ自分を責めていた。当然、想いは息子への心の詫びに向かう。妻のミチ子はまだよかった。何しろ病弱な新妻をエイッという気合術もろとも一年余で強健な身体に変えてみせたのだから、彼女の、夫の仕事への理解は充分ゆき届いていたのである。

その息子が突然の病に臥したのである。

無論、あらゆる手だてを構じ、己れの法術も用いてみた。しかし病の進行は早く、わずか一カ月で他界していったのである。人間、英範は霊術家としての自分を恥じ、思春期近くに花を散らした息子に詫び号泣した。何たる運命の皮肉、医者が見捨てた患者の医療に従事して二十年、数十万の人々を治癒に導いてきたその実績も今や、心の中でガラガラと崩れてゆくようであったのだ。時は昭和二年の春、齢五十一歳の悲しい春であった。

息子を気にかけつつ得意の絶頂にいなかったか？　精神療法公認という大義の行動にあけくれた毎日が、実は家庭をふみつけにしていた日々ではなかったか？　悩み苦しみ、そして彼は『精神統一』誌を休刊したのである。英範の心にはチラチラと永久休刊という字が視えていた。

精神療法家として高名な彼だけに、苦悩の日々を送りながら全国から訪ねてくる入門希望者に術を授ける毎日が続いた。しかし、その忍耐は二カ月で破れ、すでに代理教授が可能になっていた妻のミチ子に一切の雑務をまかせて英範は漂然と旅に出た。行先は一直線、十九年前に霊術家として立つべく決意した地、高野山であった。一大決心を激励とともに賛同してくれた宥範師は、彼の来山を待ちきれなかったかのように彼岸へ旅立ち、今はもうその慈顔と会いまみえることも能わない。ただ、墓参して総てを報告すること、その一心が彼に草鞋《わらじ》を履かせたのである。初夏の高野山は早くも草いきれでむせかえっていた。その中にひっそりと彼を待ちかまえていた墓前で座りこみながら、万感の想いに浸る英範。その胸に去来するのはこしかたの日々であった。

妖術的な多くの霊術家と比べて、英範の術はあくまで学理的研究的なものであった。勢い弟子志願は知識階級の者が多かったのである。事実、彼の著作『清水式瞬間催眠法』[9]『清水式精神統一法』[10]『清水式心理療法』[11]等を参照すれば、それは明白である。英範の考えによれば、効能顕著な精神療法は神と訣別すべきであり、それを果たすことによって究極的には、西洋医師、[12]鍼灸整復術業者らから独立した、政府公認の資格を付与された〈心療師〉あるいは〈精神医師〉の立場を獲得できる、というものであった。つまり、世間の耳目を集めるために、一時的には〈霊術家〉に甘んじているが、将来には国民の医療と福祉に寄与する資格業を獲得するという広大なヴィジョンのもと、自分はその人柱になるという決意を抱いていたのである。そのために術の修練を通して真の精神療法を確立することおよび、大目的を妨げる悪徳雑兵霊術家を駆逐して、立法を請願できる、風通しのよい業界づくりをめざして、この十九年を捧げてきた彼であったのだ。(13)

息子の死によって男の意地はぐらついた。

多少落着いたものの、身の振り方を確とは定めえず、彼は悄然と山を下った。足は自然と故郷に向かう。八ケ岳をあおぎみる山村、自分をはぐくみ育てたその地にもう父母はいない。没落地主の息子に生まれた自分をどんなにか気にかけてくれたことか。父の説得を振り切って海軍を志願した彼を、それでも母は涙一つみせず送り出してくれた。霊術家として大成した英範にようやく笑顔をみせた父。久しく離れていた故郷の土を踏んで、万感交々《ばんかんこもごも》、ひたすら自分を責め続ける英範であった。

一カ月余の漂白から帰京すると机上は手紙の山である。小笠原子爵、不動貯金銀行頭取牧野元次郎、国士頭山満、渋沢栄一ら彼の支援者たち、その他霊術家からの通信文。一通一通が彼にとって痛く重く有難かった。

その夜、藤田西湖が訪ねてきた。例によって長髪着流しの〝生き神様〟(14)スタイルである。青年忍者、透視能力者として、枚挙にいとまのない武勇伝で鳴らしていた西湖も、この日ばかりは神妙な顔付きであった。暴れん坊で通っていた彼であるが、二十数歳も齢が離れ、しかも相手が精神療法界の大立者で苦手の真面目信念タイプとなると、常からいささか一目を置いていたのである。思いつめた英範の顔はいつになく険しくみえた。「で、いつ精神統一誌を再開するんですか?」「………」「清水さんらしくないですね、僕とはだいぶ方向はちがってきたけど、精神療法が公認されるまで断固闘うって言ってたのじゃないですか」。

青年霊術家の言葉は、識者にはない率直さと誠実さにあふれていた。英範の心中で何かカチッとスイッチが入ったようであった。彼はその言葉に亡き息子の意志を看取したのである。

――しかし、心の整理に以後、一年を費すことになる。休刊後、再び霊能も信念もない霊術家の暗躍が始まり、怒りと無念の気持ちから何かが膨み始め、翌七月、ついに英範は新雑誌の刊行を決意する。新ためて使命感に燃えだしたのである。霊術界粛正、公認獲得、まず修霊教化団を創設、団長となった。新雑誌名は『精神界』、編集同人として藤田西湖、沢田進光（霊念心身保健会）、宮崎力堂（元気学研究会）、そして英範。息子を背負った気持ちであった。こうして昭和三年九月、「第一回精神療法大講演会・於日本大学」の開始予告をトップ記事にした第一巻第一号が世に送り出されたのである。

運命の日は突然に、(2)

話は冒頭の修霊教化団の事務室へと戻る。

日大講堂に参集した霊術家百四十六名。

その拍手の響きは谺《こだま》となってよみがえってくる。修霊教化団の薄暗い事務所に座りこんでいた英範はふとわれに返った。昭和三年十月二十二日から七日間の記録をくってみる。日本心療師会会長・中村天風の尽力、並々ならぬものがあり、日大医学部長額田博士から医学部講堂の借り受け承認の取り付けをはじめ、来賓の選定と交渉も彼に依った。夜の特殊療法講義のために自邸内の「統一哲医学会講堂」も提供してくれた。式次第と開会の辞・村上辰午郎、中村天風講義「精神療法の原理」、第二日目、伊沢博士「解剖学」、第三日目、柏木博士「病理学」……。[15]

特殊療法の講師と担任課目は次の通り。

村上式注意術	東京心霊研究会長	村上辰午郎
霊掌術	生道学会長	大山霊泉
精神統一法	修霊教化団長	清水英範
心霊自動療法	帝国心霊研究会長	桑田欣児
心身改善法	帝国修養会長	前田霊泉
無痛分娩法	実験心霊学研究会長	木村介忠
修霊道診断法	皇国修霊会長	溝田象堂
生化医学	生化医学会長	壹色春峰
元気法	元気学研究会長	宮崎力堂
断食法	霊道救世会長	高木秀輔

藤田西湖氏――修霊鍛身法の講習を予定せしも、厳父危篤の報に帰国、参加能わず。

英範は溜息をついて記録ファイルを閉じた。現今第一線で活躍中の精神療法家がよくぞ参集してくれた。中村天風と西湖、この二人の人脈と強引とも思える各方面への働き掛けなくば、会の意義に賛同してくれた参集霊術家の熱心な聴講態度が欠けていたならば、盛会裏に終了できなかっただろう。自分は今までも、これからも番頭役を引きうけねば、と思うのであった。全国の術士の数、二万とも三万とも言われている。しかし、霊術家は根なし草であった。いくら英範らが国民の医療の一端を担っている、いや内心では、心と霊の視点を無視する西洋医学は欠陥医学であって精神霊的療法こそが人間を全体像としてとらえる真医学である、と自負していようと、よって立つ法律が無い以上、彼らは当局のお目こぼしのもとに、かろうじて存在を許されている雑草にすぎなかったのである。事実、近年警察当局による悪徳霊術家の摘発のニュースが紙面を賑わし始めていたのだ。英範らは業界の結束と悪貨の駆逐には限界がある、と考えていた。だからこそ法制化されねばならない。資格試験を課した上で開業を許すという法律無くて、業界のレヴェル・アップも詐欺的治療師の廃滅も不可能である——いわば当局へのデモンストレーションもかねた大講演会であったのだ。

第一日目のことである。ふと会場の一角に目をやった英範はそこに、警視庁衛生部医務課員の姿をみた。よく見知った仲でありながら彼は英範の視線に返礼するでもなく、無表情に何かをメモしていたのである。法制化には二つの方向が考えられる。その一つは英範らの望む方向。二番目は明治四十一年〈警察犯処罰令〉に含まれた催眠行為取締規定にならった〈霊術取締令〉の発布である。

油断は許されない、彼はそう思ったのだ。

※　　※

二年の歳月が多忙のうちに過ぎた。

昭和五年十一月十九日、彼は東海道遊行の旅に出た。弟子との再会、講演会、来年早々に大阪で開催予定の「清水式講習会」の打ち合わせ等、久方ぶりの気の張らない旅になるはずであったのである。二十日昼、岡崎に到着。少時休息ののちタクシーで岡崎劇場に向かい、前座の当地霊術家・浦野氏の開会の辞を受けて「霊術界の現状と清水式精神統一法」なる題目で熱弁をふるった。同夜より清水式講習会を六日間にわたって開催。岡崎名所めぐりの後、名古屋に向け出発。同地で実に三十三名の講習生を相手に十二月三日まで講義し、二人の弟子に奥傳特殊療法を授けた。何と英範の名古屋入りに先立って、江間俊一、前田霊泉両巨頭が暫時、滞在していたという。五日大阪入り。心霊研究者として著名な関昌祐を訪問、七日、関と共に箕面に福来友吉博士を訪問し大日本精神医師会（前日本心療師会の改名）の事務を報告した。

清水式心理療法

八日、上りの東海道線に乗車したが途中下車すること三度、その都度旧交を温めご馳走攻めにあい、東京駅に帰着したのは十日午前五時五分であった(16)。

仮眠の間も惜しみ、眠っている家人に声もかけずに来信の山に向かった英範は、その一番上に広げられた一枚の書類に眼をひきつけられた。不吉な予感に襲われた。妻能布子（ミチ子改名）がわざわざその書類を広げておいてくれた、その心遣いに、直観が働いたのである。

警視廳
東京府 公報 第六百拾五號 昭和五年十一月二十九日（土曜日）

その見出しをみて咄嗟に、しまった！　と思った。読むのももどかしく眼を走らせると「警視庁令第四十三号、療術行為ニ関スル取締規則左ノ通リ定ム」とある。血が引き青ざめてゆくのがわかった。療術行為――とは明治末頃から市井に出現した民間治療の類であって、指圧、カイロプラクティク、オステオパシー（この二つは米国より伝来）、光線療法、電気治療などの手段を用いて保健治病の目的で業としてなす行為を言うのである。免許給付の法律もなく、昭和の世まで一切、当局からみれば野放しになっていたのだ。精神、霊術とのからみであるが、大まかに言って大正期までは霊術の方が優勢であった。しかし、山師的霊術家達の輩出によって「大秘法発見」「万病治癒」「大霊覚者」等の、明らかに嘘くさい宣伝のもとに子どもだましの施術がはびこり、さしもの大衆も奇蹟の裏側にあるサギ的錬金術を見抜くようになり下火になったが、昭和期には、療術がその精神をひきつぎあいかわらずの「誇大広告」をくりひろげていった。いずれにせよ、大衆は常に不思議と即席の奇蹟を求めているので、その手のニュー・ファッションに人気が集まるのだ。だが、施術内容の医行為との抵触、非衛生的施術、誇大広告による医療への妨害等の問題点から、医師会識者らの批判が集中していたのである。

昭和五年を切口にみると、非合理医術界は①療術系と②霊術系（精神療法を包含する）③二つを併用する一派、に大別されたのである。

英範は血走った目を条文に走らせた。

『精神界』誌は①〜③を一応包括する機関誌ではあるが、自分が霊術系であることもあって、その内容は霊術に関する記事を主としていた。今や中年から初老期に入っていた彼にとって、おのれがその生涯をかけてきた「霊術」はどうなるのだ！　という呻きにも似た思いが心底からこみあげるのも、無理からぬことであった。

第一条　本令ニ於テ療術行為ト称スルハ他ノ法令ニ於テ認メラレタル資格ヲ有シ其ノ範囲内ニ於テ為ス診療又ハ施術ヲ除クノ外疾病ノ治療又ハ保健ノ目的ヲ以テ光、熱、器械器具其ノ他ノ物ヲ使用シ若ハ応用シ又ハ四肢ヲ運用シテ他人ニ施術ヲ為スヲ謂フ(17)

以下、療術を業とするには届け出が必要なこと（届け出制）、広告の制限、施術室の完備と衛生保持義務などを列記し、それらに対する違反もしくは改善命令に従わない時は業務の停止または禁止（十条）、拘留または、科料の処置（十三条）を課す、という内容であった。療術はともかく霊術はどうなる――という英範の憂慮は次条で一応、解消した。

第十六条　本令ノ規定ハ精神療法ヲ業ト為ス者ニ之ヲ準用ス

が、ある意味で屈辱であった。

霊術、精神療法界の先達としての自負を持つ自分に、お上が二十数年かかってくれたのは一片の取締令であった。知識階級、警察人にも弟子を持つ英範は術の効果に強い自信を持っていた。弟子たちも認めたはずである。公認に向けてそれなりの運動も展開してきた――しかるに、巧妙なり当局、の想いが彼の胸に突きあげてきた。

これは後発の治療術、療術を対象とした取締令であって、霊術はつけ足しにすぎない、という裏の事情を彼は嗅ぎとったのである。心理学というれっきとした基礎の上に立つ「催眠」「精神療法」ではあるが、現実には学問以外の気合術、触手療法、はては占術交霊術までもが混ぜ込まれて流通している。催眠取締令、福来博士の失脚以後、この分野は学界との交流ルートを失ってしまっている。おまけに業界内部にあっては常時、山師的霊術家との暗闘がくりかえされ、これは対外的に著しいイメージ・ダウンをきたしている。当局は斯界に対して自滅の方向を予想し、より医学に近い療術を前面に据えているのかもしれない。すでに発布された催眠取締令は未だ有効、加えて精神療法を取締下に置いた現状からみれば、追撃の手がいっそう強まったともいえるのだ。巧妙なり当局、とはこの意味であったのだ。

まさに青天の霹靂であった。

しかも旅行中の出来事である。妻や内弟子たちが気配を察して、こわばった表情で事務所に入ってきた。「帰りが遅れてすまん。忙しくなるぞ」。努めて平静さを装って公報の写しを至急、大日本精神医師会会員に持参か郵送するよう命じ、率先してその仕事を始めるのであった。午後、警視庁の医事係長松浦警部を訪問。警部の気の毒そうな表情に恐縮。急を聞いてその夜参集した面々、野口晴哉（今日の野口体操の創始者）、沢田進光、瀬尾霊人、壹色春峰らその数四十名。その日以降、来訪ひきもきらず。十三日の夜、役員会。会名を「大日本療術師会」と改称。合間をみて『精神界』誌（第四巻第一号）の編集と執筆をすすめる。急を告げる新年号、総八十五頁、トップ記事「療術行為公認の曙光」清水英範、「精神療法家の採るべき態度」山内篤馬（霊放送術[18]の創始者）他九名。

　何かが変わったのだ——そう思いたくなくともその想いが去来する。自分は悲しいのか、と自問する。そうだ、自分は悲しさを忘れようと一分一秒の休みもないように人と会い笑い元気づけ、仕事に没頭しているのだ。取締といっても、それは公認への第一歩なんだ、根なし草のわれわれにとりあえず当局は、何らかの注目を具体化したのだ。仕事だ。いっそうがんばらねば。けれど夢中になろうとすればするほど、悲しみの正体が露わになってくるではないか。時代が変わったのだ。そのことが悲しいのか、否、自分は全速力で走ってきた。

　有項天になったことも再々、地獄も見た。

　精神療法普及のために年の内、二百数十日を地方で巡行してきたころ、秋田県でも神奈川県でも警察当局の急な臨検を受け、治療所の閉鎖命令を宣告[19]された。屋外にあふれた施術を求める病人を尻目に署へ連行される屈辱。無念さを次の行動のバネにして、ただひたすら己れが決めた道をつっ走ってきた道程において不変のものは、西洋医学の欠陥部を自分たちが補塡しなければならない、人は肉のみにあらず内に精神と霊性を宿す、精神力が肉（物質）に影響をおよぼすのであって、その力を患者の心に喚起せしめたり、時には付与するのが精神療法であり霊術[20]なのだ、という経験に裏付けられた信念であった。大正期に入ると当局による〝黙認〟をかちとった。そして今回の取締令……。これとても受け取りようではないか――一定の条件を満たせば正々堂々と術を披瀝することができる――。

しかし、自問自答は無駄であった。

智恵者、英範は将来についてまたも一抹の不安を感じていたのである。その不安は自分の人生を賭けたこの分野が、断絶に終わるかもしれないという直観であり、波乱万丈の人生の思わざる終止形はもとより、これほど効果のある治病法が歴史とともに風化して西洋医学の大波に飲み込まれるという、残念至極の想いに連動していたのである。

英範は編集中の『精神界』誌の後記を次のように記した。（一部省略、短縮）

謹んで部分的公認の春を祝し候。今年は公認の第一歩若しくは第一年と申すも不可なかるべく候。諸君の忍苦に感謝いたす次第に御座候。

夫れと同時に吾々の責任覚悟は一層重大と相成申候。（療術施術の）停止若しくは禁止せらる、場合は実に療術師全体の名折れに御座候、法令命令違反は勿論「施術が無効又は衛生上有害と認められたる時」、「素行不良其の他業者として不適当と認むる行為ありたる時」とせらるるに御座候間、よくよく御戒心願上候。

施術が無効なる場合有之候ては、実に療術を賊するものに有之候間、技術の練磨は非常に必要に御座候。されど技術は人格と重大の関係あり、苟くも人に後ろ指ささるる如き行為あるべからずと、特に御注意申上候。

終章、霊術の終焉と神装置の時代

警視庁療術取締令を公認（つまり現行の届け出、開業許可制から免許、資格制）の方向へ止揚しようという英範の血の出るような叫びとは裏腹に、[21]あいもかわらず怪しげなインチキ霊術や類似宗教が当局に摘発され、正統的精神療法霊術家の努力は次々と水泡に帰し、各県は続々と取締令を発布していった。

その内容は大同小異である。「業トシテ物理療法、電気療法、温熱療法、テルモ療法、血液循環療法、指圧療法、光線療法、心霊術其ノ他ト称シ医業類似ノ行為ヲ他人ニ施サムトスル者……」（神奈川県令）「……四肢ヲ運用シテ他人ニ施術シ又ハ精神療法ヲ為スヲ謂ウ」（岩手県令）、「業トシテ物理療法電気療法指圧療法精神療法其ノ他の名称を付シ……」（鹿児島県令）等。

いずれも療術行為と霊術をひっくるめて取締の射程に置いていた。

摘発されたインチキ霊術の数々。

「日本霊研会・池〇亀〇郎」
「碁盤療法博士・秋〇常〇郎」
「弘法大師直傳の霊石・中〇〇ク」
「霊医学会・田〇茂〇郎」
「離魂療法・一〇〇厳」

以上警視庁管内で摘発された事件の一部である。[22] 他県の事例も多数に上る。一方、追いつめられた霊術家たちは活路をみいだそうと狂奔していた。この間の事情を世紀の懐疑主義者批評家である石川雅章は露骨に記している。[23]

「尤も、一つには是等非医師の療術行為取締が年々厳重になって、今度は内務省令で愈々全国的に医師の免状を有せない、所謂「療術士」の単独開業が認められなくなるので、彼等は自衛上、神道十三派と仏教八宗に潜入、ナニガシの冥加金も奉納して「中教正」とか「権大僧都」とかの資格を得、祈禱、加持、禁厭を表看板にするより方法が無くなったからである。春秋の筆法を以てすれば、『内務省令療術を取締って生神様を簇生す』といふことになるわけだ」

実を言うと、こうした精神療法と宗教の〈二枚看板〉の道を開いたのは外ならぬ英範であったのだ。精神療法一筋で来た彼であるが、大正十年ごろ、縁あって九州に本拠を置く神理教に入信修行したのである。第三者的にはとにかくも彼自身は日本古来の伝統のように、神仏信仰は両立すると考えていたのだ。

世は国家神道の時代、十三派神道も天理教を頂点として隆盛の一方であった。関東大震災の後、大正十三年の初めに彼は『活きた宗教』なる書を著したが、そこにはその時点の宗教に対する想いが充分に吐露されている。精神療法家たる者は科学的な技術の研讃と世の指導者としての強い倫理感を要す――というのが彼の持論であった。精神性と霊性を失っていた（と断定した）大東京市はさながら「噴火山上の舞踏に余念がなかった」のだ――と彼は言う。世に震災を評して「天譴《てんけん》」であるとするが、裏からみれば「天警」なのだと観じ、正しい宗教による高度の倫理観をもって世の再建にとりくむべきだ、と述べている。時に、彼は神理教東京出張所の庶務課長を兼任(24)していたのだ。

清水式瞬間催眠法

英範の明治人らしい主張とゆき方は昭和十年代の霊術界混乱期に、またも下劣人間たちによってそのエッセンスを抜き取られ、「一枚看板」の形式だけが当局の追求から逃れる術として応用されるに到ったのだ。何しろ、一度警察のブラックリストに載ると、二度と療術業には就けないのであるから、この逃げ道は重宝された。加えて昭和十年ともなると空前の大不況に国中が喘いでいた。次々と不測の事態が起こる。東北地方の大冷害は子どもを売りとばして、その日の糧を得るまでに農民達を追いつめたのである。(25)健康保険の普及はいまだ遠く、(26)病苦にあえぐ人々は奇蹟を求めて、また娑婆の苦しみにもだえる人々は心の安心を求めて、苦の受け口（それもとびっきり簡便な）に殺到した。できれば二つの苦を一括して引きうけてくれる場所はないか――（ここに筆者はこらえ性のない日本人の性急さをみるのだが、そして明治以降、この強力な衝動がインチキ霊術家や山師カリスマの存在を許容してきたと思うのだが）――という強迫観念にとらわれるに到った。

おまけに日常の中に信仰が定着していない日本人はすこぶる〈超越的現象〉に弱い。同時代の西洋先進諸国にみられないご利益至上主義で信仰を判断する、という特性は、つまり、この世を快適にすごすための欲望充足装置を常に求めている、ということなのだ。普通、諸外国の宗教とは死後の救いを最終目的にしているのにくらべて、わが国では死後よりも今を、あるいは今の救いとあわよくば死後も、という体であるから、催眠術から霊術へ、さらに次の段階では霊術プラス神力という風に刺激が強くならないと、利益が汲み出せないと思い始めるのは当然である。そして、大衆が求めるような新事態が起こってきたのである。それが類似宗教の大流行へとつながってゆく[27]……。

政府の厳しい宗教管理政策下にあって、明治憲法は一応〝信教の自由〟を謳ってはいるが、一定の制限付きであるから新宗教の誕生は宗教結社法によって可能であるものの、類似宗教なる名称のもとに枠付けされたのである。この件については一稿を挙げる予定なので深入りしないが、二つだけ重大な点に言及しておこう。

その一は、驚くべきことだが、多くの霊術家は〈霊〉も〈神〉も、その存在を認めていなかった事実である。精神と精神力が超越的存在であったのだ！（英範はその例外の一人）。そして第二。この霊術家が昭和十年代以降、法規制に追われて石川雅章に言わせるなら「カミサマ商売」へと転身していったという事実である。ある一派の人々はこの時点で神を〈神装置〉にひきずり落としたのだ。実際、信念だの精神力で奇蹟を生起させることは、最後的に機能する媒介装置、つまり神を観請する以外なし得なかったのである。神があり術があり人間が奇蹟を求めるなら、その奇蹟生起の失敗は人間の誠意だの業だのに、いとも単純に強力に帰し得るであろう、神こそが至高なのであるから。

英範ら正統的霊術に発し療術師に成った人々と類似宗教に成った人々との訣別の時がやってきた。前者は療術をひきつぎ、後者は霊術を継承したのである。そして霊術をひきついだ人々は、それを神装置の効果器として有効に使ったのだ。お手あて、霊動、占術、祈禱等がその部分を形成していた。

こうして正統的霊術は終焉を迎えたのだ。

間もなく大戦へと軍靴の響きの高まりとともに誰もが、冷静さを失ったあの暗い時代へと誘われていった。戦後、維新以来のアノミー状態が回帰したころ、巷のあちこちから類似宗教が新宗教となって内に霊術を秘めながら新時代を宣言し、心理学がその創成期の秘密を忘れ去り時代の学問となった。戦前の霊術混乱期に、霊術のエッセンスを吸い取ったソフト霊術ともいうべき〈健康道〉[28]が〈あの霊術家の時代のように〉多くの追従者を生み出していった。少し後、新宗教が妖しい魅力をふりまきながら〈あの霊術家の時代のように〉大躍進をとげていったのは、言うまでもない。その多くは神をヒエラルキーの項角に位置づけ、旧態依然の霊術を接木して成功を収め続けている。この意味で、権力の弾圧下で闘ってきたという、戦前新宗教に対する決まりきった定説は再考されなければなるまい[29]。

本稿でみてきたように、人間、とりわけ霊術家人格は大衆の耳目を集めるべく、したたかに生き残ってきたのだ。伝統的教義体系を持たない彼らの教えが、桑原天然の〝精神学〟や密度を薄めた仏説や神道教理等を何とか織りあわせ、万教の中に真理と独特の神名を発見しなければならなかったのも、英範が事実上の開祖と思われる〝精神統一〟や〝メスメリズム〟に由来する〝お手あて〟、さらに岩田篤之助を開祖とみなせる〝霊動〟等の霊術を別の呼称で援用しなければならなかったこともまた、当然のなりゆきであったのだ。死後の救いは心霊主義を接木することで一応決着し、現世の救い（実際、ほとんどの日本人はこれしか求めていない）に対して霊術を充てればよい。ここには男教祖の醒めた眼を感じるばかりで、中山ミキ、出口ナオらに代表される底力を秘めた女シャーマンの姿は無い。ちなみに霊術家時代は父性の時代であった。男一匹、畢生の職業として[30]、少々神秘好きの男たちが続々と転身していったのである。

※　※

さて、われらが英範に代表される医学にこだわり続けた精神主義者たち、療術界の人々の戦後はどうであったか。私は残念にも読者の前に、一片の条文をさし出さねばならない……。

あん摩マッサージ指圧師、はり師、きゅう師等に関する法律（昭和二十二年十二月二十日、法律第二一七号）

※第十二条　何人も第一条に掲げるもの（筆者注・つまり、あん摩——師、鍼師、灸師のこと）を除く外、医業類似行為（再注・有体にいえば療術行為のこと）を業としてはならない。（以下略）

つまり、療術のうち指圧のみが本法律の中に組み込まれて生き残ったが、その他の精神療法、心霊術などは一切、業として行うことが禁ぜられたのだ。ただし、同法発布の際、引き続き三カ月以上療術を業とし、届け出をなしていた者は〈一代に限り〉営業が認められるとされている。そして、戦後四十年目、とり残された人々の高齢化が進みゆく現在、かつて心身一如の観点から神を拒否し新医学を築こうとした人々の望みは断絶しようとしている。その後も、療術師法の制定が請願されつづけている。何とかならないものだろうか？　一群の男たちが歴史のある時期に非正統的ではあっても、精神の観点から効果的な治病術を発見洗練した上で、宣布しようとした事実が、身内の金目的のぬけがけ的な輩がひきおこした歴史の展開によって終えようとしているのも事実である。時として人間も歴史も非情で悲しい。

清水英範、この明治人の生きざまも功績も、そのすべてが忘れ去られてしまったのである。その一徹さゆえに、その変り身の下手さゆえに、人間と人生の悲しさは彼の軌跡に俯瞰されるのである。

私の手もとにある英範に関する最後の資料は『療術の日本』昭和六年十一月号である。第二次世界大戦に向かって、まるで吸い込まれるように年老いてゆき、消えていった彼の末期を記した記録は無い。願わくば彼のこの世との訣別の時が、無念とともに終わっていないよう願うばかりである。

付　記

①文中引用部の旧漢字は新漢字に改めた
②文中敬称略
③下記の方々に感謝・重要文献提供——大宮司朗氏、文献探索——湖城強氏、文献貸与——吉永進一氏、〈ピラミッドの友〉講入の全読者に——ありがとう。
④清水英範は昭和初めまで「長洲」と名乗っていた。息子の死に打撃をうけ、立直り後本名「英範」に戻る。本原稿では英範で一貫しておいた。

注

（1）中村天風　大正〜昭和〜第二次大戦後にわたって活躍した思想家、霊術家。戦後にその勢力は衰退したが名士知識階級になお、多くの賛同者を持っていた。戦後に次の二著他を著している。『錬身抄』昭和24年（国民教育普及会）、『研心抄』（同）。

（2）雑誌『精神界』昭和3年12月号（修霊教化団）に特集がある。

（3）A、拙著『霊術家の饗宴』（心交社）浜口熊嶽、天然、守平などの伝記と霊術内容を詳述した（写真、図、多数）。（1996年に増補版として『新・霊術家の饗宴』を刊行＝編集部）B、拙論文「維新以後の霊術家の饗宴」（季刊・迷宮№3に所載）。

（4）『心理研究』第1号　明治44年（大日本図書）105頁。

（5）〈霊術家運動〉の展開と詳細な分析、太霊道・田中守平の特異な行動と霊術についてはⓒ（3）を参照されたい。

（6）『精神界』昭和3年11月号所載の一文。他に英範の手になる簡単な自伝は「清水式瞬間催眠法」大正5年（東京心理協会本部）にもみられる。

（7）『霊術及霊術家』昭和3年（霊界廓清同志会・二松堂書店）。同書には松原皎月（洗心会）、浅野和三郎（心霊科学研究会）その他多数の人物評があり、巻末に「真に傑出した霊術家」57人の選定が行われている！

（8）『精神統一』誌、（精神統一社）。

（9）前出、（6）をみよ。

（10）ここでは次の版を参照した。『清水式精神統一法』昭和4年（精神界社）。

（11）『臨床暗示・清水式心理療法』大正9年（二松堂書店）。

（12）明治39年医師会が制定され、日本の医療は西洋医学に任され、わずかに鍼師灸師、あん摩師らが法律的にはお目こぼし的（医業類似行為という）に認められていた。それ以外の治療行為は黙認かまたは、取り締りをうけた。前出（3）のAに詳記した。
(13) ここでは特にあげないが、当時の新開雑誌に暴露記事が散見される。
(14) 藤田西湖『どろんろん』昭和33年（日本週報社）によると、彼は〝生き神〟に祭り上げられた体験を通して、信者の愚かさ神様商売のボロ儲けぶりを知ったとある。同書には英範の記述はないが、『精神界』誌には西湖の動向がよくみえている。
(15) 前出（2）による。
(16) 〝暮れの東海道遊行〟清水英範『精神界』昭和6年1月号、45頁。
(17) 東京府警視庁「公報」第615号。
(18) 山内篤馬（号赤松子）。霊放送術で一時、人気のあった霊術家。自著の中で彼は「霊」は存在しないと断言している。祈りによって患者に精神力が波及するのだとする。行法は宗教的であるのに、不可解な感じがするが、この態度は霊術家に広く認められる。術そのものは桑原天然の模倣であったが、後年、新宗教の中に編み入れられた基本的霊術の一つである。
(19) 前出（6）に記載がある。
(20) 霊術家たちは好んで自著に「精神一到何事不成、陽気発処金石亦透」を引用して、術者の精神力の鍛錬を強調した。これが類似宗教となると信者の必死の祈りで神を動かせ、となってくる！ プロ意識の放棄と、信者と神の自主的病気治し回路の発見がみてとれる。
(21) 『療術の日本』昭和6年4月号に英範の〝頂門の一針〟なる一文があり、取締令制定を〝公認〟の第一歩とうけとめ運動を展開しようとする動きに対して、それを逆用し「本会の支部長に成れば公認せらる」「本会の資格証明があれば公認せらる」などと言辞を弄して会員集めをする団体がある、という忌まわしい動きを嘆いている。

(22) 池松重行『療術行為統制論』昭和11年（医薬法令刊行会）56頁〜。
(23) 石川雅章『奇蹟解剖』昭和11年（紀元書房）116頁。
(24) 清水芳洲『活きた宗教』大正13年（二松堂）141頁。
(25)『文藝春秋』昭和9年12月号所載〝凶作地実情報告〟等。
(26) 大正11年、法律70号「健康保険法」が公布されたが関東大震災の勃発によりその実施は大きく遅れ、国民全員がその恩恵に浴せたのは第二次大戦後であった。
(27) 仏教社会学院編『新興類似宗教批判』昭和11年（大東出版社）等の批判が当然ひきおこされた。ちなみに同書では、ひとのみち教団、生長の家、大本教、その他、明道会、陰陽道本庁などの弱小教団が批判されている。
(28) 戦後に生き残った二大健康道は、一に西勝造の西医学、二に桜沢如一の食養道（現日本ＣＩ協会）であるが、明治末以降、霊術家運動の一環として夥しい指導者が出現、両者は強いカリスマ性と組織づくりのうまさで生き残ったのだ。この方面の系譜作りも終わっているので一稿を挙げるつもりである。
(29) 明石博隆、松浦総三編『昭和特高弾圧史・３-４』昭和50年（太平出版社）に、主として不敬罪による多徴の弾圧例が収録されているが、それとは別に、同書に収録されていない〝箸にも棒にもかからない〟お粗末教団があり、公序良俗に反し詐欺まがいの病気治療を行った事実を忘れてはならない。しかし、今でもそうだが奇蹟を喧伝すればする程、人が集まるとは！　何とも悲しい人間サマである。最近のインスタント錬金術の流行、マルチ商法、健康食品のブームと当局の取締など、現代の奇型霊術だといえなくもない。このことは筆者がすでに（３）で予言した通りだ。結局、われわれが賢くなるしかなかろう……。
(30) ちなみに文献前出（７）に紹介された霊術家３１３名中、女性とわかるのは唯の３名、うち一人は英範の妻能布子である。

第四章　新宗教と超能力の原景に迫る――――【田中守平】

期待と不安が交錯する一日が終わり、夜がきた。

男たちは宵闇に追われるように、みかげ石の参道を山頂へと急いだ。めざすは集ヶ丘、霊華殿。その西欧の城にも似た六層の高閣は、かすかな残照を残す空を背景に、ピラミッド型の神秘的なシルエットを描きだしていた。

互いに顔を見合わすことはない。対話もない。晩秋の寒気が白い息の色と、押さえつけたような呼吸音にみてとれる一一月のその日、黒衣の一群は、次々と灯が点じられてゆく霊華殿をめざして、無表情に、黙々と歩みを進めるのであった。

霊術家を生む儀式「霊応聖試」の夜

集ヶ丘の項上台地に着くころ、夜のとばりがあたりを覆っていった。木曽川から吹き上げる風にあおられて、袴《はかま》がはためく。姿の見えない蝙蝠《こうもり》がぴいぴいと鳴きながら頭上を舞う。

霊雲閣、この威圧感を放つルネッサンス風の建物は、霊華殿の最上層部を背後にのぞかせながら、男たちを待ちうけていた。

執事がさっと扉を開く。

煌々と輝くシャンデリアの光が目を射る。

先導する執事について霊雲閣の大広間を横ぎり、さらに奥への扉を開くと、そこは〝太霊〟を奉斎した霊華殿のホールにつづいている。ロココ調の天井から吊りさげられた豪華なシャンデリア、厚いビロードのカーテン、磨きあげられた床……、それらのすべてが、ここ岐阜県恵那の片田舎にはふさわしからぬ舞台装置であった。

しかしそれは、霊術家育成のための、また、この〝城〟の所有者である「太霊道《たいれいどう》」主元《しゅげん》こと田中守《もり》平《へい》にとっても、必要不可欠な舞台であったのだ。整列し、時至るを待つ男たち。まもなくシャンデリアの消灯につづいて、天井の照明がひとつひとつ消されていった。静かな興奮と緊張が部屋の空気を変えてゆく。最後の灯が消えると町時に〝聖壇〟と部屋の中央が照らしだされた。聖壇の上にすっくとたたずむ主元・田中守平、漆黒の繻子《サテン》地の長い法衣姿、太い詰め襟に支えられたその顔は、鋭い眼光を放ちながら男たちと対峙する。

咳ひとつ聞こえぬ場内に沈黙の時が流れる。

たかまりきった緊張は弛緩《しかん》を要求する。おのずと瞑目する男たち。

——たちまち男たちの身体は、制御不能となった機械のように細かく震動し始める……指先から手へ、足から身体へと。主元から放射された〝霊子〟が男たちの身体に侵入し、〝顕動〟を起こし始めたのだ。小柄ではあるが、がっしりした体格の主元から間断なく送りだされる〝霊子〟は、男たちの制止しようとする思いとはうらはらに、彼らが身体の動きを止めようと考えるほど、その作用を強めてゆくのであった。あきらかに主元の霊力、主元から放たれる〝霊子〟の圧力が、男たちのそれを凌駕している。それどころではない。霊術家志願の屈強な男たち、それも二〇数名が、身体の動きも感情も、そして意志すらも、つまりアイデンティティー全体が守平に掌握されているのである。

「まなこを開いて、見よ！」

主元の声が飛ぶ。

「以下の者五名は中央へ！」

その五名の顔はいつのまにか、執事の手によって矩形の白布に覆われている。

それは異様な光景であった。

スポットライトの下にたたずむ白布に頭部を覆われた男五名とその回りに立つ男たち……、そして壇上から激しく威圧の波を送りつづける主元すらもが、小刻みに四肢と全身を震わせつづけていたのだ。

法服姿の田中守平

大正八年、一一月一〇日、霊術家を養成する秘教団体、太霊道の本部道場にいま、ひとつのクライマックスが訪れようとしていた。一〇日間の集中的修業の成果が〝聖試〟によって問われるその瞬間が、霊術家志願の男たちの身の上に刻一刻、迫っていたのである。

　壇上の主元はまなこを上方に向けて何かに思いを集中することしばし、いっそう鋭さを増した視線を右はしの男に向けた。注視する主元。顔が紅潮し、手指がけいれんする。視線が足元に移動し、停る……、男たちの顔は白布に覆われているから主元を視ることはできない……、しかし、無言の誘導をうけている男はどんな波をその身体に感じているのか、足を一歩前に踏みだした。それを見てとると、主元の視線は足元からその前方へと移ってゆく……。何がふたりの間を結んでいるのか、男は前方に向かって歩み始めた。直立して身じろぎもしないほかの四名。男はその後、主元の視線が動く方向に、右へ左へ、そして前に歩みを進め、ついに聖壇の直下に到達したのであった。

　参集者の間に声なきどよめきが広がった。

「彼は聖試に合格したのだ……」

　しかし他人事ではない。次には自分に聖試の番が回ってくる。しかし、いまさら逃げることはできない。

「主元に任せるしかない。自分は昨日までの訓練によって充分〝修霊〟に励んだではないか……」

　修業者の心には、ここ数日の激しい訓練の光景が巻き戻されて浮かぶのであった。

　その光景もまた、通常の社会、日常の中には決して見られない異様な迫力に満ちていたのである……。

大本教と太霊道にみる「近代日本」像

大正期に突如として出現した霊術団体「太霊道」、それは大本教と並んで、しかし大本教とは別なラジカリズムを放射し世に覚醒をうながした。両団体は、その活動のひとつひとつに衆目を集めていたのである。いや、衆目を集める必要から過激な活動を展開する必要があったのかもしれない――。大本教は鎮魂法と予言戦略をもって、太霊道は史上空前の激しい霊動法と超能力医術の宣布をもって。

その戦略や法術の内容がどうであれ、両団体の出現は明治維新以後の東洋と西洋の国家的な出合いと、その後の急激に西洋化する日出づる国日本へのカウンターであったことは間違いない。それは、強力な民族的集合無意識をエネルギー源とした強力かつ強大な〝衝動〟であった、と思われるのだ。大正一〇年の第一次大本教事件のさなかに破壊されつくした大本教の神殿群が〝純日本調〟であったのに対し、太霊道の神殿がルネッサンス風であったことに見られるように、大本教においてはこの〝衝動〟が純大和民族的に、太霊道では日本精神の中に西欧風な外形を取り込む形で、それぞれ顕現したと思えるのである。このふたつのかたちは、とりもなおさず当時の（そして現代においても）国のあり方に関して日本国家がとりうる基本的なふたつの選択肢なのである。この意味で、新宗教の発祥原因を西洋の社会学的理論であるM・ウェーバー風の「カリスマ論」や、マクファーランドやインガーに代表される「アノミー理論」などの単純な理論でのみとらえることの、非現実性は究明されるべきであろう。

日本という国における出来事を日本人が偏りなくとらえることなくして、どうして新宗教が理解で

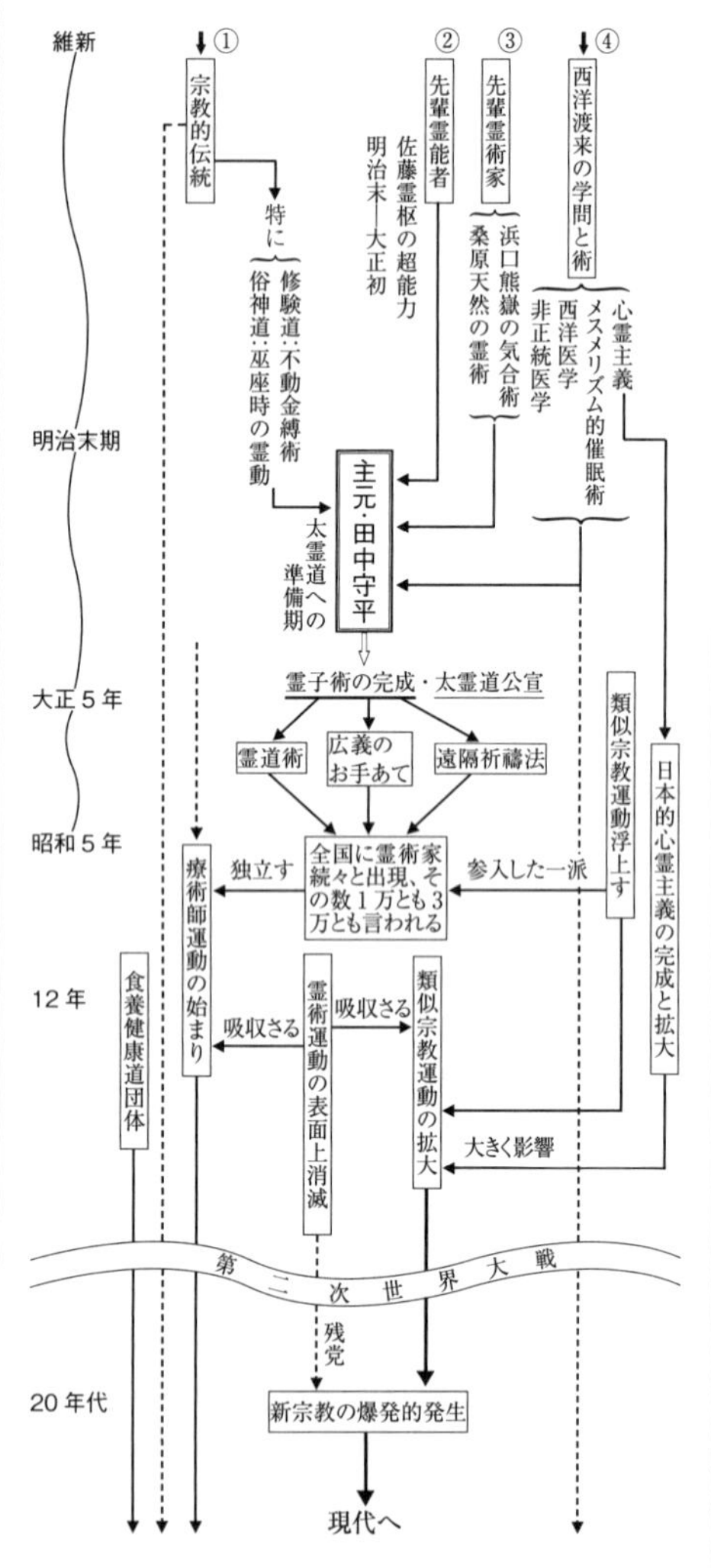

表１　太霊道「霊子術」の完成と後世への影響
©1987, K. Imura

きようか。皮肉にも、太霊道と大本教は、こうした西洋風の新宗教発祥論の立脚点そのものの文化を撃っているのである。問題は今もひきつづいている。詳論は避けるが、その形態と内容において西洋に比類のない日本の新宗教が、どうして西洋の理論で理解できるのか（表1、2参照）。

それはともかく、今日、大本教については多くが語られつづけているにもかかわらず、太霊道は私が拙著『霊術家の饗宴』で発掘したにとどまっている。このことは、太霊道の不幸な末路と考え合わ

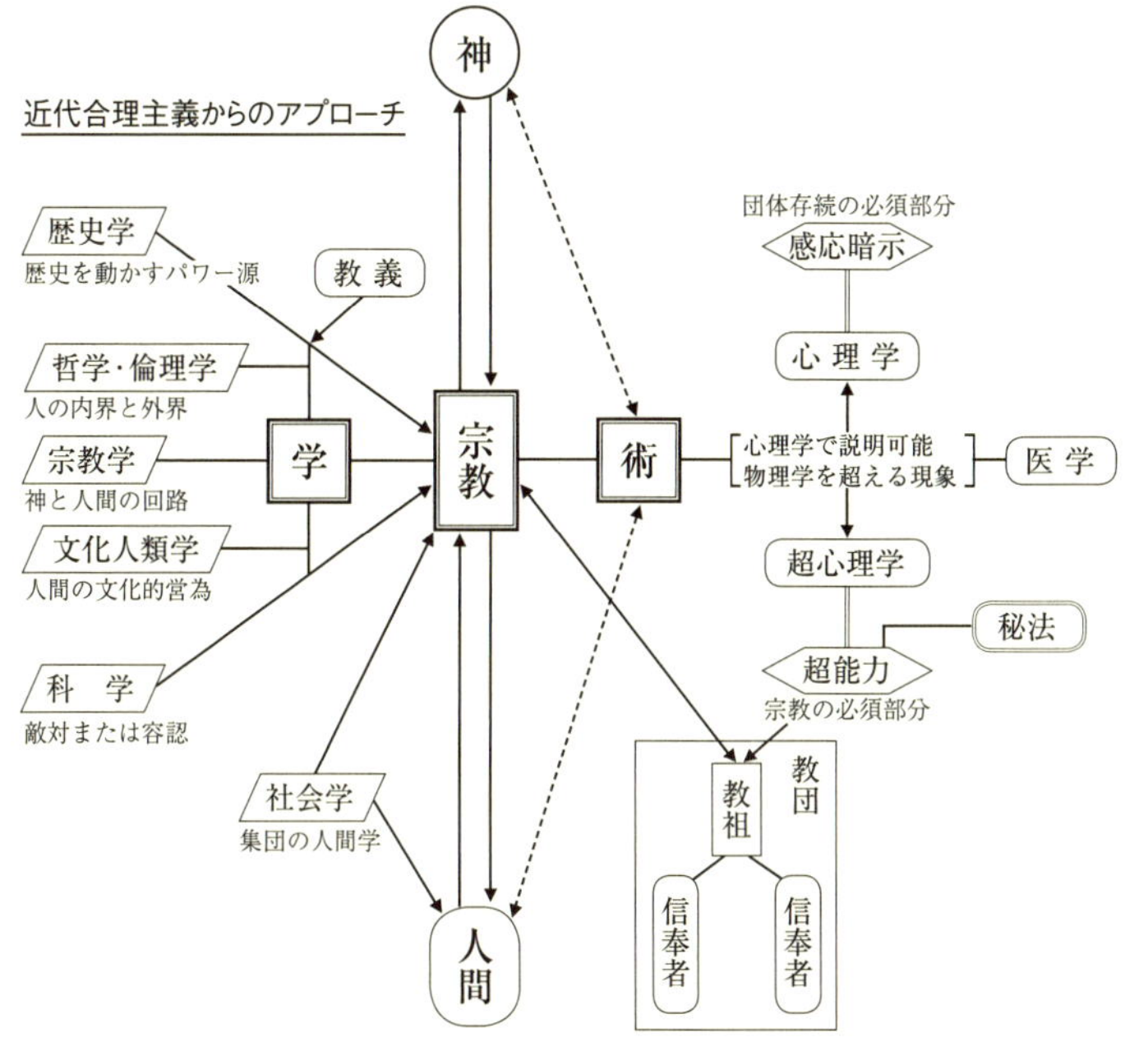

表１　宗教と超能力、学と術

せ、残念なことであると言わざるをえない。単に感傷的に言うのではない。太霊道を嚆矢《こうし》とする昭和五年までの〈霊術家運動〉が、その後の新宗教ブームに繰り返し影響してきたという私の「発見」から見て、太霊道を特に、その〝術〟の面から考究すべきであると思うからなのである。

大本教に対する当局の過激な干渉が、同教を〝不敬〟なり、と断定し、それを前提にしていることは論をまたない。もっとも私は、出口王仁三郎は〝不敬〟なりとの断罪を意識的に呼び込み、その後の弾圧や迫害を予想し、承知のうえで行動したのであり、大本教事件は霊的に予定された迫害ではないか、と考えているが、ここでは論じない。

一方、太霊道を終始苦しめたのは、〝不敬の恐怖〟だけではなく、医療法による訴追と、主元・守平の行動や太霊道霊術の主軸となった「霊子術」の信憑性であった。守平は、〝世間が種々誤解していること〟について、次のように釈明している。

「尚、私が山師であるかないかは各々人々の観察に依ることでありますから別段爰《ここ》に弁解がましいことは述べませせぬ。唯《た》だ私としては世上の毀誉を顧みず、只管《ただひたすら》道の為めに邁進していることだけをお告げして置きます。」（『太霊道』臨時号、大正一〇年一〇月、太霊道本院出版部）」

守平の傲岸不遜《ごうがんふそん》な態度が山師の印象を与えたのであろうか、それともつとに有名な一頁大の新聞広告による宣伝や、霊子術そのものの奇妙さと、そして、次々に打ちだされる作戦の数々などがその原因であったのだろうか？

取材によると、なるほど守平には不遜な態度の数々が見られたようだ。しかし、それだけなら単なる山師と見られようが、実際には、緻密な計算によって動き、驚くほどの行動力とアイデア捻出力を備えた情熱的な男の姿が浮かび上がったのである。それは、彼の周到な企画力と表現力に証明されている。たとえば、太霊道は次の五部門から成っていた。
一、想部門＝太霊道の思想を講明宣伝す
一、学部門＝霊理学の学理を研鑽普及す
一、術部門＝霊子術の作用を究盡応用す
一、教部門＝太霊道の教理を活現践行す

一、律部門＝太霊道の律義を遵奉躬修す

（大正一〇年当時の文献より）

現在進行中といわれる第三次宗教ブームによって振り出される新集団はおろか、既成団体のいくつが、このような組織の図式《スキーマ》を持っているであろうか。そのほとんどが、太霊道式図式の術部門と教部門のふたつだけを持っているにすぎないであろう。

しかし、太霊道を世界に向かって宣布しようと、英文の書籍までをも出版した守平の意図とは裏腹に、太霊道を事実上支えていたのは〝霊子術〟という秘術であったのだ。

太霊道の秘術「霊子術」の超能力的作用

宇宙と万物を創出した太霊、それは第一次的創化によって霊子を生じ、霊子の積極有機発動によって精神が、消極無機発動によって物質がそれぞれ創化された——、と太霊道は説く。

その生命体の原質である霊子を発動させる方法を修霊法と呼び、霊子の応用術式が霊子術である、と守平は定義している。霊子術には次のふたつの方式があるが、それを簡単にまとめておこう。

(1)霊子顕動法＝肉体の表面に霊子が発動し、猛烈な霊動作用が起こる。四肢身体の激しい震動、坐したまま飛動する。息吹法とは、息を吹きかけるだけで相手に霊動を起こす法。術者の指一本で相手を触れずして自由自在に回転せしめる法を回転顕動法という。

(2)霊子潜動法＝体外に出現した霊子を体内に潜伏せしめて、人体や物体に伝える。〝霊子板〟と名付けられた小さな板を積み重ねて、自由自在に動かせる（発動した霊子を板に伝えるため、手は板にふれている）。テーブルに霊子を伝え、急速に回転させる。

太霊道では霊術家養成のために「修霊会」、あるいは「講授会」と呼ぶ合宿を売りものにしていた。一〇日間を一期とするこの修霊会は、超能力的な病気治療術をマスターすることも目的とした成人男子の集まりであったが、その中には少なからぬ医師を含んでいた。

第一日目の瞑想訓練、第二日目の霊動法入門と呼吸法の実習にひきつづき、度胸だめしともいうべき鉄針刺入法や刃剣危険術などの実習などをおりこみながら、連日、上述した霊動法各論が講授されたのである。山中という隔絶した環境の中で繰り広げられる非日常的な教説の教授と、守平という希代の強力な霊術パーソナリティが指導者となったとき、世にも奇妙な奇観が続出したのである。当時の記録から引用しよう。

守平が霊子を放ち弟子たちを倒す

「十数貫の身体が恰《あたか》も風車のように回転してくる。いうまでもなく術者は手を触れず、被術者の意識は通常のままであって、身体だけが斯《か》くの如く上下にも、後へも前へも、また右回転、左回転もまた全く術者の潜動の手のままになる……」

「術者が右手中指に力をため、被術者全員に潜動作用を行うと、数秒または一二分乃至《ないし》数分にして全列悉《ことごと》くが霊動を生ず。その霊動の激甚なること飛躍の猛烈なること、数十人一時に霊動飛躍する壮観さは何とも譬《たと》え様がない……」(『霊界の奇象』)

何とも、悪夢のような光景ではないか!

それだけではない。さらに修霊会が進むと、守平が「軍事通信に用いるべきである」と主張した〝霊子通信法〟(テレパシーである)、相手を念によって支配する〝霊融法〟などが次々に実習、指導されてゆくのだ。冒頭に見た〝霊応聖試〟の描写は、この霊融法の光景なのである。

このように見てくると、太霊道は、その後第二次大戦後に無数に発生した新宗教の原景であることがわかるだろう。実際、それら名乗りを上げた神々の中には太霊道の残党や、霊子術の下手なコピーが多数みてとれるのである。

希代の霊術家・守平は、その毀誉褒貶《きよほうへん》はともかくとして、近代における秘教集団の法と術、宣布法の原型《プロトタイプ》を編みだした人物として、長く記憶されるべき人物なのである。また、その追従者《フォロアー》たちが守平の霊術を主として〝お手あて〟という、霊術家への変身プロセスを抜きにした安直な術のコピーのみを行なったこともまた、はっきりと記憶されるべきなのだ。

太霊道への国家的弾圧、そして崩壊

強迫に近い訓練によって変身過程を終え、霊術家として立っていった男たち、彼らが為すべきことは、いまや磁化され霊子を放つようになったその手掌を、患者に向けることであった。太霊道の機関誌は繰り返して言う――。

「病人が来る、手を触れれば治る、如何にも不思議である、それは事実が之を証明して余りある」「遠隔療法の原理も之と同一である。幾百里幾千里離れていても治療の力は直ぐ伝わる。太霊道の遠隔療法は恐ろしい如《よう》に効く、とは治療を受けた人の評判である」（『太霊道』臨時号）。

医師木下愛水は「余は医師たるの立場より、世人が霊子術を先づ吾人身体の上に応現し、進んで人生万般に実用せんことを痛切に勧奨する者なり」と告白し、医師朝倉松四郎は「如何なる詭弁を以《もっ》てしても霊子治療の効果に帰するを否む能《あた》はざるべし」と記した。

体制者たちが大本教への介入を画策し始めたころ、太霊道の動きにもかげりが見え始めていた。大金を投じて建立された恵那本院の炎上事件、太霊道病院や養生院、はては英才教育の場をめざす太霊道中学の設立計画など、果てしない事業欲と使命遂行感とそのための資金ぐりに追われる主元・守平……。加えて類似団体（霊術界と宗教界の双方）の簇生《そうせい》と、つばぜりあいの頻発、不良集団による詐欺的霊術の横行……。

時代は太霊道に背いたかのように見えた。

神名乗りを強圧的に抑圧する国の宗教政策は、〝太神道〟ではなく〝太霊道〟を名乗らせたのであった。宗教と霊術の等価という伝統を持った日本、この国の政府は、〝霊〟という字にも過敏になっていたうえに、太霊道を始めとする超能力的治療そのものに捜索の手を伸ばし始めたのである。維新以後ドイツ医学のみを公認し、漢方や宗教治療をお目こぼし程度にしか認めてなかった政府にとって、太霊道の科学と医学に対する公然たる批判と反発は目ざわりであったことだろう。

東京本院に頻繁に刑事が出入りするようになった。明治三六年、守平は一九歳にして天皇の出立の列に突入、刑は免れたものの、以後、生涯にわたって官憲の監視下におかれているという事情もある。

詳しくは上述の拙著『霊術家の饗宴』を参照していただくほかないが、浜口熊嶽《ゆうがく》、桑原天然《てんねん》、そして主元・田中守平へとつむがれてきた近代霊術の系譜は、昭和初期に約三万人という治療霊術家を生み出したのであった。その最盛期を前に、天然の死亡のあと、霊術大ブームの火つけ役となった太霊道もまた、時代の流れの中で〝古い霊術団体〟である、とみなされ始めたとも言える。

岐阜県にあった太霊道恵那総本院（正面）

守平の本心としては、太霊道を単なる霊術家養成機関として見てほしくない、という思いでいっぱいであったに違いない。そのことは彼の文章の中に散見されるのだ。太霊道の目的を要約すると、太霊道は「世界人類の思想を啓導統一し、人類に精神的安立と肉体的健康を与え、社会的生活国家的生活に根抵を与えること」などにあるという。また、「太霊道要解」には、「太霊は完全にして真実なるが故に、物格・体格・人格を超越したる意義に於て神格として之を認むるなり」とある。この表現が宗教のものでなくて何であろうか。

その末期に太霊道は時代の流れに合わせるかのように、恵那本院に断食道場を設けた。秘法〜奇蹟、どぎつい誇大広告が、霊術家志願者たちを太霊道のようなハード霊術の講授所から、安直に学べるソフト霊術の講授所へと誘っていた頃のことである。しかし、太霊道本院では、断食道場のつもりでやってきた人々を前にして、主元・守平が依然としてハードな霊術を講授しつづけていた。

時は講授会の最終日、ひとしきり激しい霊動訓練のあと、守平は例の光る眼をいっそう光らせ、身体全体から精気を放射しながら壇上に立った。宣伝に関する霊訓と院示を開陳する守平。その威厳、その声と語りの峻烈さは、彼と太霊道の危機を物語っていたのであろうか。

「だれにでも説くのだ。すぐに行なうのだ。これを行なえ、これを行なえと熱烈に説くのだ。人を見たらこの法を行なえと痛切に説くのだ！」

堅く結ばれた手がテーブルを打つ。激烈な衝動が彼をかりたてる。やがて拳が破れ血が滲み出す……。

「太霊道者は熱心にならねばいかぬ。たとえ財産はなくとも、自分の身が八裂きになっても説かねばならぬ。一切のものが道に近づかねばならぬ。道にもとづかずして国家がなんだ！　社会が、人生が何だというのか！」

守平から四方八方に放射される気迫の磁力にうたれ、まなこが突出せんばかりに主元を見つめる者、うなだれる者、講堂には殺気が入り混じったすさまじい緊張感に満たされていた。

「人を見たらまず道に入れと説け。直ちに説かなくてはいけぬ。ここに参集した者は高能の者である。太霊により与えられたものを何故説かぬ。世界は全く混乱状態である。太霊の道で一切を救わなけれ

ばいかんのである！」（以上、参考文献『修霊法霊示記』、大正一二年）

……それから数年、太霊道の再建をまたずして、主元・守平は名古屋に於て急死した（昭和三年）。巻き起こされた混乱の数々……。そして、幻の秘教団体・太霊道は急速に忘れ去られていったのである。

宗教と超能力、その接点と未来を考える

現代、われわれは太霊道に新宗教と超能力の原景を見た。それは強力なカリスマであった守平が、教説と術を宣布するために無数の小カリスマを増殖させるシステムであったといえる。しかし、この試みは歴史が証明するように徒労に帰したのである。大カリスマである守平がこの世を去ると、術の伝授を受けていた小カリスマたちは、たちまち看板を塗りかえ自らを開祖に位置づけたのだ。お手あてと霊動術、このふたつを後世に残した守平の功績は、二度と再び語られ顕正されることはなかった。

そのかわりに、まったく同じ術であるのに、もっともらしい〝秘法〟〝神法〟〝神授の法〟の類の「新名称」をつけた術が、戦前戦後（そして現代）を通じて続々と登場した。おまけに、秘法の要を神や本尊、お守りや本部と結びつけることによって、術の伝授と小カリスマの独立を封じるやり方が一般的になったのである。こうして教祖たちは、その存命中に限り、秘法秘術の管理と保存に成功したのである。しかも、その秘法たるや、目を覆うばかりのお手軽さである。太霊道の霊術カリキュラムとその現象と比べていただきたい。教義体系とはいえない幼稚な教義とレベルの低い術……。何がいったい宗教なのか、何がいったい術なのか……。霊術ではなく幻術ではないのか。心理学的反応がなぜ

超能力や秘法になりかわるのか。

では超能力とは何なのか。

私の著書群で何度も指摘したように、日本の超能力研究はほとんど皆無である。超能力を科学する〝超心理学〟の講座は日本の大学にひとつとしてない。欧米では〝宗教超心理学〟の分野が開けつつあるのに、日本では宗教系大学にすら研究者はいない。何故なのか？ もともと欧米では大学の実験に協力しないような霊能者は能力者とは認めない、という暗黙のコンセンサスが一般人の中にある。この健全さがいかがわしい宗教や霊術の跳梁を阻止している。

また私の研究によると、霊能者の超能力は外国人の方がけた違いに優れているのだ。はっきりいって、私の研究室で超能力を発揮したのは一〇名あまりにすぎないのである。ところが同じ東洋でも、中国はすごい。もれ聴こえてくるだけでも世界レベルの超能力者（少年を含む）は数十名はいる。おまけに、神とは一切関係なしに、〝お手あて気功〟〝気功霊動術〟によって病気を治す〈気功師〉や〈気功医師〉の数は千名を下らないのである。しかも、この気功術は病院内の通常治療に用いられ、お手あてによる癌細胞の増殖抑制実験など、科学的研究が大学で行なわれているらしいのだ！

私の研究室でも種々の実験を行ないつつあるが、伝聞によると、最近某教団でもこの種の研究が始まったというから、これはすばらしいニュースだといえよう。

しかし、神抜きでも働く霊術の効果を、どのような合理的理論によって神に帰すべきであろうか？ 神抜きで働く現象を奇蹟であるといって通る事態は、いつまでもつことであろう。そうだ。宗教は宗教に帰るべきではないだろうか――。つまり、奇蹟があろうとなかろうと人々が神を信じるような、そのような仲立をなすに値する教祖と、感動的な教義へと、たち戻るときがきたのではなかろうか。

そのためには、真実をはっきりと報道し、大衆の見る目を育てるような宗教ジャーナリズムと、新宗教を社会病理現象であると断定するような冷い学者ではなく、生まれては消える宗教の系譜に人間の悲しさ、そして喜びを見い出せるような宗教学者が、ひとりでも多く出現してほしいものだ。そして、たとえて言えば星型の西洋文化の鋳型に丸型の東洋文化や宗教を詰め込む行為が学問することであるとこころえる人々がひとりでも減り、東洋の伝統に対して誇りを持ち、それを理解するためにあえて西洋の学問を幅広く引用するといった態度の宗教学者が出現することを、心から祈らざるをえない……。

巷《ちまた》には、宗教を脱税の手口、一旗あげる手段であると心得るバチあたりが多いと聞く。私にまで教祖になってくれという人があるくらいだから、あながち少数ではなさそうだ。

そして、こうした世であるからこそ、不世出の霊術家、悲運の霊術家、太霊道開祖・田中守平の獅《し》子《し》吼《く》が私の耳に反芻されるのである……。

全真太霊、全真太霊。
総《すべ》ての人、霊に覚むべき秋《とき》は来れり。
世をあげて暗黒に掩《おお》はれ、昏迷に陥り妄執に囚はるるは是れ霊に遠ざかるが故なり。
行きて語れ、すぐに行きて説くべし。

（引用文はすべて常用漢字に改めて使用）

第五章　古神道行法と霊術――霊術でソフト化された昭和の鎮魂帰神法――

【松原皎月・松本道別】

古神道と霊学、霊術の接点

『霊術大講座』（全十巻）の著者で錬達の術士であった松原皎月《こうげつ》は、その第一巻である『霊能開発法』（洗心会本部、昭和五年）の中で「述者も初めは催眠術屋でありました」、と霊術家としての出自を告白している。したがって彼は古来の宗教的事象である〝鎮魂や帰神〟の類いすべてを、催眠術の現象であると考えていたのであった。神や霊の存在を思わせる交霊や帰神の現象を演出しているのは潜在意識である、と信じて疑わなかったのである。

しかし、その後「数々の憑霊現象に直面し、不合理な点に遭遇したことにより霊魂研究に入った」のである。こうして皎月は、神や霊が出現するなどの人格転換が起った場合催眠術を応用して解けるものと、交霊することによって憑依を解かないかぎり解けないもののあることを知ったのである。さらに彼は神秘の秘奥を究めんと秘法的神道の世界へとわけ入っていった。

昭和十年、洗心会《せんしんかい》改め洗心霊盟会から出版された『霊の御綱《ひのみつな》』に公表されている数々の古神道行法の秘伝は、皎月の心血を注いだ探求の結晶なのである。古神道行法の真髄であるとされる帰神の法は近世における本田親徳《ちかあつ》を中興の祖とし、「沖楠五郎《おきくすごろう》、水位壽真《すいいじゅしん》、中山昭道壽真《なかやましょうどうじゅしん》などの」先人を生んだが、皎月はあえてつぎのような思いきった見解を記している。

「勿論以上諸霊人の霊的貢献というものは実に敬服に価するもので私なども人後に落ちぬ崇敬者ではありますが、神傳《しんでん》と人傳との混合は致し度《た》くないのであるからであります。併《しか》し私の目下の傳授を受けた神法の中にある帰神の真法は実の所神許の限りでないため発表を差控えては居りますが、何れ機を見て神許のまに〳〵人員に制限して御教傳申上ぐる心組であります」

――つまり、神傳を伝えたいのであって、〝人傳〟は伝えたくないというのである。また、「而《しか》してこの格神《かくしん》（神になること、筆者注）の本道こそが霊術の根本であって、決して奇跡的の行為や、病気直しが目的ではないのであります」、とも記している。「世間には霊術とは不思議な術を覚える事だなどと安悟りをして、とんだ邪道に堕するものが多い様ですが」、と嘆く皎月は、霊術家たらんとする者は「自己を知る事、大にしては世界を知る事」すなわち宇宙と人間の本質を悟ることが大切であると力説している。

松原皎月

大正初めから昭和十年ごろまでに、わが国に吹き荒れた霊術の大流行そのものについては、この小文には記さない。すでに承知されている読者も多いと思うからである。この、近世におけるいわば〈陰の精神史〉あるいは〈異端の医療史〉の流れは、現代においても形を変えて継承されているのであるが、松原皎月の軌跡は当時の一部の霊術家に共通するのである。

近代霊術そのものは明治二十年代の催眠術ブームの産物であった。日本史の中で、主として修験たちが担っていた宗教的民間医療は、明治政府の西洋医学と科学の導入政策によって著しく抑圧された。しかし、民衆の中には依然として宗教的民間医療へのニーズがくすぶっていた。奇妙なことに、そのニーズを汲みあげたのは催眠治療であり、〝催眠による運命開拓法〟であったのだ。このブームは日本古来の「俗霊術」とドッキングし、大正以降、〈霊術〉として結実したのである。

一方、平田篤胤を祖とする神道的〈霊学〉は、本田親徳（文政五年生）によって実践的に再興された。その主軸をなしたのが鎮魂帰神であったのだ。この秘法は長沢雄楯《かつたて》を経てかの大本教の出口王仁三郎へ、そして友清歓真《よしさね》、松本道別《ちわき》などの人々へと受け継がれていく。この間に、霊学の流れは〈古神道〉の名においても語られるようになったのである。明治政府の国家神道推進政策により、神道はその儀礼面が重視され行法面は軽視された。そして民間にわだかまっていた宗教的治療術は迷信であるとされ、強力に抑圧規制されるにいたったのだ。古神道という一種漠然とした呼称、催眠術と伝統的俗霊術の奇妙なドッキング形態である霊術は、こうした時代背景の産物なのである。

問題なのは「霊学家」（神道家）」と「霊術家」、および「霊学」と「霊術」の混同である。

その理由のひとつには霊学、霊術ともに超常的な病気治療の術を含むという共通面をもっている。さらに、霊術家と目されている人物が霊学にアプローチするという松原皎月のような例も少なくないし、友清歓真のような霊学家の文章にも病気治療を扱ったものが見られるのだ。……しかし、昭和五年以降、医療の妨げをなすとして霊術の取締りが厳しくなったこと、第二次世界大戦が近づくにつれ国家神道の威力が全土に浸透するにいたったことなどから、霊術家の一部が危機感を募らせ神道的宗教に鞍替えする例も相次いだ。それらの新宗教の一部は現代にも存続しているし、そこで実行されている行法には霊学系のものと霊術系のものが、ないまぜになっているのである。たとえば、松原皎月の師匠とされる帝国心霊研究会の桑田欣児《きんじ》は霊術大ブームのおりに屈指の術者であったが、昭和十年ごろ神正教《しんせい》の旗を掲げ、第二次世界大戦後にも存続したのである。

ともあれ史的観点に立つと、まず今日、神道と呼ばれている原始宗教が発祥し、ついで霊学が、そして霊術が生みだされたという順序は確かなのである〈ちなみに、〈心霊〉は霊術の後を受けて昭和の初めに陰の精神史の一項目としてつけ加えられた〉。したがって、これらの分野を掘り下げて考えていくためには、各分野の思想と行法を対照するという方法論が有効であろう。そのために、もっとも検討に価するのは「鎮魂帰神」の行法であると思われるのだ。

鎮魂帰神にみる神秘行法のソフト化

鎮魂帰神というと直ちに思い出されるのは、大正年間を通して全国民の耳目を集めた大本教の〝神懸り〟である。それほど、このブームは強大かつ広範囲なものであった。結果的には第二次大戦の到来という形で実現されたと思われる〝世の立替え〟予言とあいまって、この急進的な教団が正面に据えたのが〝神懸り〟の現象であった。

だが、この現象そのものが大本教独自のものでないことはいうまでもない。その行法と内容を問わないなら、〝神懸り〟は太古の昔から行われており、江戸時代の村落や町中においてばかりでなく現代でも珍しい現象ではない。行法面から分類を試みると、

- 神道系
- 修験系
- 法華系

などに仕分けが可能であると思われるが、神仏習合に象徴される日本民族の異文化の吸収と同化の才能は、行法上の変化形を生み出したのである。しかし、「神」あるいは「霊」の概念と「呪者《シャーマン》」さえ存在すれば、神懸り的な現象はどの地においてすら現出が可能なのであり、呪力を備えた特異な人物は「神」はおろか「動物」や「魚」にすらなりきれるのである。だが一方において人間は、宇宙と自分を一貫してとらえることのできる哲学や法則をいつも希求してきた。この試みの衝動はきわめて強力であって、現代人の理性はその試みの軌跡を軽視し、宗教やオカルトの中に形式的に分類してことを済まそうとしているにすぎないのだ。

われわれのイメージの中には、アニミズム的な神懸りが一つの簡素で厳粛な行法のもとで行われるようになった時、それを「古神道」と名付けたい衝動がある。やがてその行法は、より複雑で厳格にして神秘的な色彩を帯びていった。それとともに、神懸ってきた霊的実体の分類と審査技術も発達してきたと考えられる。

大正から昭和年間（戦前）に「霊学道場」を主宰し『霊学講座』という大著（復刻版は八幡書店と壮

神社から出版されている。本小文では八幡書店版を参照した）を世に問うた〝霊学家〟松本道別《ちわき》は、同書の中で鎮魂帰神について、その歴史から技法にいたるまで詳しく記している。ちなみに彼は「人体ラヂウム学会」の名の下に催眠術の技法や放射能の概念を用いた超常的治療術を開発普及したという意味において〝霊術家〟でもあった。松本道別は鎮魂帰神の創始について、その典拠を『古事記』中巻、帯中日子《たらしなかひこの》天皇（仲哀天皇）の段、『日本書紀』第九巻、気長足姫尊《きながたらしひめのみこと》（神功《じんぐう》皇后）の段に求めている。

彼の解釈を要約すると、神懸りを行うにはまずサニハ（清庭、沙庭）を用意する必要がある。そして、

「この沙庭には無論清新なる菅菰を敷き、関係者一同は浄衣を着て着座すべきである而《しか》して神の憑《よ》らるべき者は神主と称し、南面或は東面にして上座に着き、其傍《そのかたわら》には琴師とも云うべき者が、六絃《ろくげん》の和琴《やまとごと》を控えて坐する。之は琴の音によりて神霊を喚《よ》び迎えるのである」（前掲書）

道別によると、神々は単調な音を好まれるのであり、和琴の奏上は後に神依板《かみよりいた》という杉や桐の板を打ち鳴らすことによって代用されたという。また、神が降りられる「神主」と並んで「サニハ」（審神者）が控えていて、降りられた神が邪神妖魅《じゃしんようみ》であるのか高級神であるのかを審判したのである。和琴や神依板、梓弓《あずさゆみ》の使用は後に、本田親徳《ちかあつ》によって石笛《いわぶえ》を用いることに代えられた。審判者は石笛を吹くことによって琴師を兼ねたのである。本田親徳の帰神法は近代の霊学、霊術家に全面的な影響を与えた。たとえば帰神を行うには〝清浄の地を卜《ぼく》し、神籬磐境《ひもろぎいわさか》を起こす〟のが理想的であるが、道別は親徳の「幽斎以テレ霊ヲ対レ霊。顕斎以テレ形ヲ対レ形」を引用し、「幽斎即ち帰神法は霊を以《も》って霊に対するのだから、必ずしも神籬磐境や神殿が無くとも差支えない」、と述べている。このように近代の霊学、霊術は行法の簡略化あるいはソフト化を第一の特長とするのだ。道別はいう――、伝統的な御嶽《みたけ》行者の神懸り

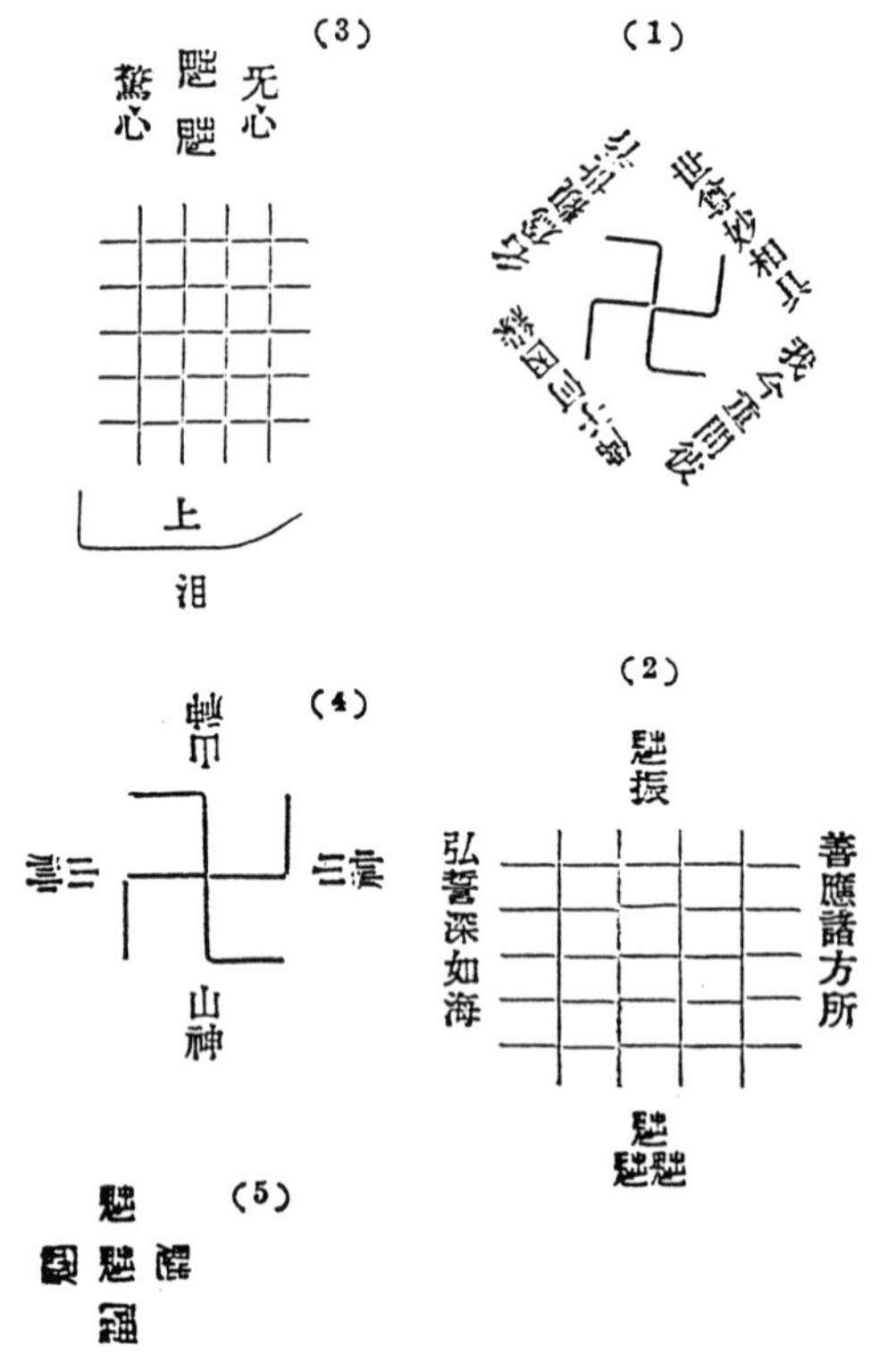

図1　降神術の被術者の布団の下に敷く５つの秘符
（西村天籟による）

においては神主・サニハのことを仲座・前座といい、注連《しめなわ》を張った神庭に神籬を樹《た》て神饌《しんせん》を供え、白装束に構えて中臣の祓《はらい》や般若心経を幾十度となく読みあげ、印を結び九字を切り気合をかけるばかりか、時には「両手で円を拵《こしら》えたり居合抜の真似をしたり、まるで六兵衛さんの蒟蒻問答」ではないか。それでいてきちんと帰神ができるのは大先生にして十人に一人も覚束ない。そのような迷信の徒も「我輩の所に来れば一、二回で立派に帰神法ができるようになる」「我輩の方式は実に無造作にして簡単極まるものだ」、と。

同じような行法の簡略化は大正昭和に活躍した霊術家、西村大観《たいかん》にも見られる。十年間にわたって日蓮宗の祈禱術を四千人あまりの人に施した彼は、大正十一年、西村天籟《てんらい》の名によって『交霊祈禱術』（心友社）を著した。同書の序で彼はいう。「弘法大師や日蓮上人が祈禱方式で傳えられたのは理屈ではなく実際人類及び一切生物を救う為に実験を傳えたのでした……その実験の祈禱法を盗み取って現代の霊術家が種々なる名称を附して……霊術大家の如く粧《よそお》うて居るのです」。出版されて数ヵ月を経ずして三版を重ねた同書は、交霊祈禱を行う素人には難しすぎる専門的行法を伝えている。

交霊交神する時には図1のような五種の敷紙を五枚書き、さらに無字の一枚を上に重ねて、被術者のふとんの下に敷く。さらに被術者には図2のような幣《ぬさ》を右手を上に左手を下にして持たせ、「真観清浄観広大智恵観悲及慈観常観常瞻仰」という聖句を三十遍以上くり返していると、幣が動揺してくる。その時、被術者の顔が青ければ「何れの神霊が降神致したのですか」、と問えばいい。そして、幣が上に上がれば高き神霊、中段ならば低き神霊、膝よりすこし上にとどまっていれば生霊、などと判断すればよい。本人の観念が表現される場合もあるから、その審判には慎重であらねばならない。さて、交霊が終わると「観世音菩薩自在の業普門示現の神通の力を聞かん者は当に知るべし是人《この》の巧《(ママ)》徳少なからず」、という句を唱えて覚醒させるのである。

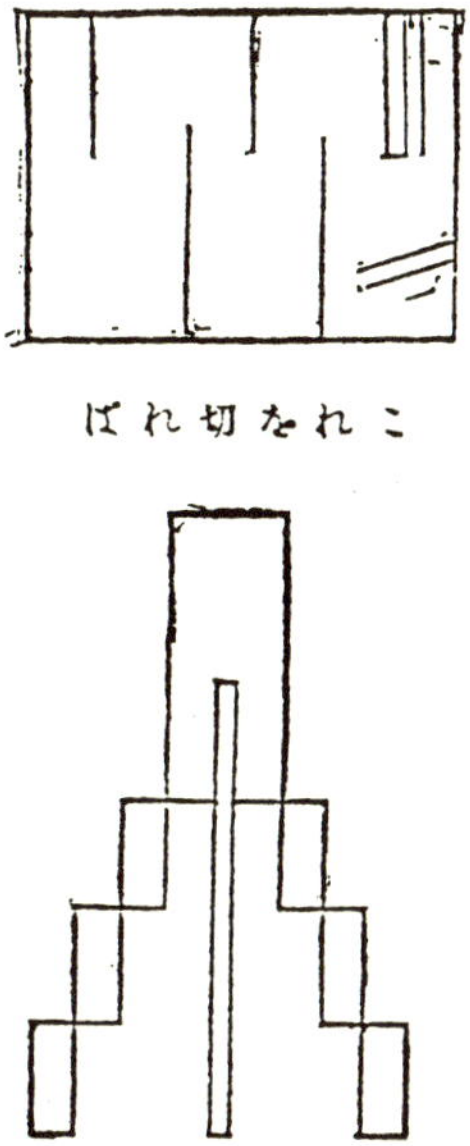

図2　被術者に持たせる幣（下）と作り方（上）

三年後の大正十四年、西村大観の名のもとに『祈禱術傳習録』（心友社）が出版された。この書には『交霊祈禱術』に挿入されていた数十枚に及ぶ霊符は収録されていない。また、交霊帰神法についても修法の簡略化が明らかに見てとれるのである。「印度《インド》には祈禱がなかったから亡びた。支那《（ママ）》もそうである。獨逸《ドイツ》のカイゼル帝は祈禱の必要を感じないで、否《いな》祈りと云う大義名分大慈悲観の徹底を致さなかった為、神〇《（ママ）》論と個人主義で滅亡したのである」、と記す大観は、「傳習録の祈禱法は仏教でもなければ神道でもない。（略）然《しか》し仏教の根本精神でも神道の根本精神でも大悟《だいご》徹底して仕舞えば一境になる」、という彼の新しい交霊法は、「降神は儀式を要しない。ただ実行する室内の荘厳なるを要す。先ず着座させたら交霊者を合掌させて祈禱者は中指にて交霊者の額部に……『心念不空過』の五字を重書してからエイーと一喝して普門品偈《ふもんぼんげ》を中強音にて四十五回発声連続すべし。最後に『独り自ら明瞭にして他人の見ざる處《ところ》なり』と二十三返中音にて連唱してから交話して見るべし」――というものであった。

このように、行法、修法の簡略化と〝万教帰一《ばんきょうきいつ》〟的な考え方は近代の霊術家に一般的な傾向であった。さて、話を松本道別にもどすと、彼は帰神法における「印」の重要さを力説している。多種多様な「印」（印契《いんげい》）の結び方のうち、道別が推奨するのは大己貴命《おおなむちのみこと》直伝の方式である（図3参照）。彼はいう――

「印はシルシ、契は鐵《てつ》契、木契、大刀契などの契の意で割符即ち神人間交通の證券であり、信号である。されば吾人《ごじん》に於いて或印契を結べば、神霊の方で此信号を見て「よし来た」と憑《よ》って来られるのである。（略）この辺の霊界の消息を知らずに、真言天台の密教学者が一々印契に大層な理屈をつけるのは、例の理に堕したサカシラと云うものだ」

さて、神主は雑念妄想を起こさぬよう努め、審神者《サニハ》は印契を結んで天之御中主神《あめのみなかぬしのかみ》を念じて手掌に霊動を起こし、その放射能を神主に向け強く放送する。すなわち霊力を送って神主の霊動を幇助するのだ。こうして神主はついに霊の言葉を伝える前段階である発言（口切り）をすることになる……。

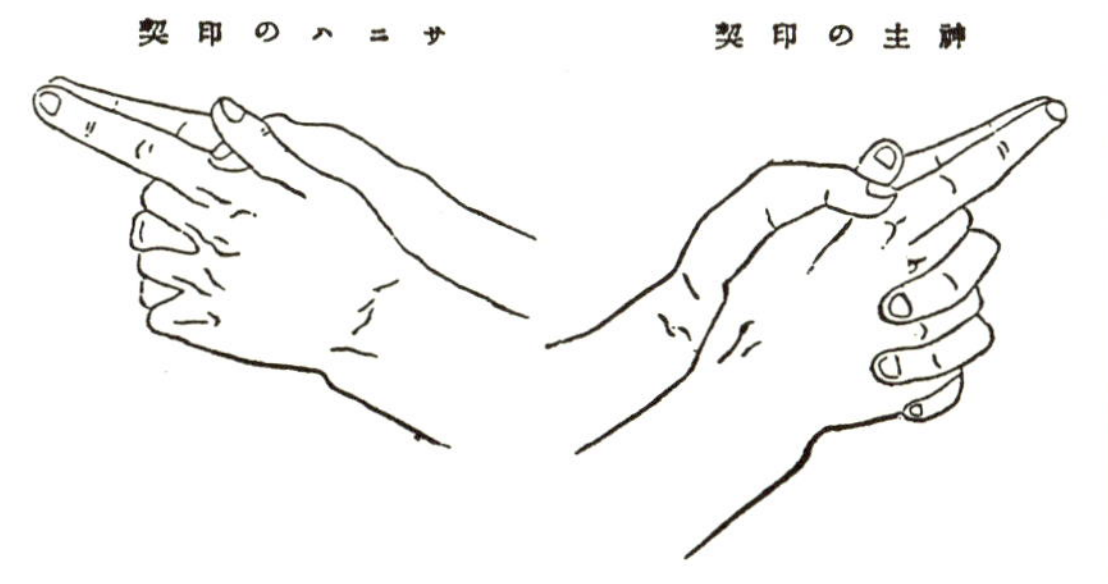

図３　帰神術に用いる秘印（松本道別『霊学講座』による）

以上、御嶽《みたけ》講、法華系、松本道別の帰神法などを簡単に記してきたが、それらが「記紀」の記述に現れた帰神法の要点を押さえつつ、簡略化されていることがみてとれよう。また、霊術家たちが帰神法行法を具体的かつ明瞭に記述し、講習会を積極的に開催したことによって、多くの神主や審神者志願者を発掘していったことにも注目せざるを得ない。

従来、神懸りは町や村落に住する先天的に呪者的機能をもった人物が突然神懸ることによって行われたり、民衆の一部である呪者志願者が、修験や法華の修行を経て、呪者に変身してセミプロになる例がほとんどであった。

これに対し、大正から昭和初期にかけての霊術家運動は、プロ霊術家を拡大再生産するシステムでもあったのだ。霊学の分野においてそのトリガー（引き金）を引いた人物こそが出口王仁三郎という強力なカリスマであり、その門下で後に大本教を脱退した浅野和三郎と友清歓真の二人であった。後に浅野は西洋心霊主義のプロパガンダとして和洋折衷的な帰神交霊（霊媒術）を宣布し、友清は本田親徳直系の古神道的鎮魂帰神法の普及に心血を注ぐことになる。浅野が発見し育てた荒深道斉《みちなり》の名も記しておく必要があるだろう。

鎮魂から精神統一への道

さて、前項において筆者は鎮魂帰神のうち主として帰神について記した。松原皎月は「俗間に於ても一口に鎮魂帰神と呼んでいるが此両者にはチャンと区別のあることで、大体鎮魂を修めたものでなければ帰神法を行えないことになっています」、と記している（『霊術大講座第一巻』）。つまり鎮魂と帰神はそれぞれ別な修行を要するのである。同じことは松本道別も述べている。

それでは鎮魂とは何なのか。

「つまり、吾々の魂は兎角フワ〳〵と浮かれ勝ちであるために常に精神が動乱して煩悶《はんもん》や疫病が絶えない。この魂を身体の中府《きもどころ》に確《しっか》りと落着けて、更に其の鎮め養った霊魂を運転活動せしめようとするのが鎮魂なのであります」

と記す皎月は『霊術大講座第十巻、神傳霊学奥義』の中で、国幣中社《こくへいちゅうしゃ》西寒多《ささむた》神社秘蔵の巻物から学んだ〝神界重秘の珍法〟として五位、十八段の修道法を紹介している。

第一位　入信みそぎ行

第二位　調息伊吹行

第三位　正浄清身観
第四位　神威霊動観
第五位　鎮魂現神観

このうち第五位を行ずるにはまず第一位と第二位の各行を十五分間ずつ修して後、着手せよとある。また、第四位までの修行は各二週間を要するが、第五位については特に期間は定められていない。一心不乱、至誠をもってことを行えば瞬時にして成就するもの、あるいは一、二週間を要するなど、行者の心象如何によるというのだ。鎮魂法を行うには「鎮魂玉」が必要である。それは修行の進みかたによって神授されるが、水晶球で代用してもよい。鎮魂玉はかりそめにも粗末に扱ってはならない。行者は第二位の行を終わったところで鎮魂玉を三宝《さんぽう》の上にのせ、神前あるいは床の上に据えて行者はそれより三、四尺（一メートル前後）隔れて座す。鎮魂の印（前出図3）を結び〝伊吹《いぶき》と共に霊気漸次結印せる指端に集注せしめ、視線と結印の指端とを玉に集注する態度観念のもとにわが霊魂玉に集注すと繰り返し繰り返し観念する〟のである。すると、実修後その重量が五匁五分（約二〇グラム）から六匁（約二四グラム）にも六匁五分（約二八グラム）になるばかりか、

「ローソクの炎に鎮魂して其《その》炎を伸ばしたり、一指も触れずして神棚にある榊を動かしたり、一指触るるのみで家鳴震動を発するようなことも起きてくる」

のである。

すなわち、鎮魂の行とは修行者が神主や審神者としてふさわしいような霊力を身につけ、変身するための行なのである。このことは同時に霊術家資質の開発完成をも意味していた。変身した行者は霊

を取扱い超常能力を発揮する霊学家であり、その超常能力を病気治療の次元で発揮すれば霊術家でもあるのだ。しかし、皎月が教えるような古神道的修行を完遂させるには相当な努力精進が必要である……。そこで霊術家志願者たちは、

(1)より成果の挙がる秘密の法

(2)より速成が可能な簡便な法

という贅沢な二つの方向を求めて霊学、霊術家の間をさまよい歩くのであった。そして、(1)の方向で鎮魂秘密の法の伝授をもって志願者たちのニーズに応えたのが大本教を去った友清歓真(九吾)であった。彼は大正九年、格神会なる霊学研究会を発足させ、「鎮魂帰神の秘印」「將城奈我《おきなが》(息長)の法」「魂布禰《たまふに》の術」「本田親徳・神伝の法」「天宇受売神《あめのうずめのかみ》御直伝《ごじきでん》浄身《じょうしん》、鎮魂法」「迎神送神の極秘印」「神光法」等々——つぎつぎに秘法を会員に向け伝授していくのであった。

また、(2)の方向をめざす、せっかちな変身願望に駆りたてられた志願者たちのニーズを受けとめたのは、東京心理協会を主宰していた「精神統一」の大家・清水英範《えいはん》、霊術開祖・桑原天然《てんねん》亡き後の旋風児で王仁三郎とつばぜりあいを演じた太霊道主元《たいれいどうしゅげん》・田中守平《もりへい》とその弟子団の面々であった。この第二の方向に属する人々こそが鎮魂のエッセンスを「精神統一」といい換え、催眠術を巧みに日本化して古神道行法のソフト化に寄与した霊術家たちなのである。

その学術の頂点には念写事件によって東京帝国大学助教授の職を追われた福来友吉がいた。時は大正十四年十月、福来友吉は山口仏教会館において「精神統一の心理」と題する三回の講演を行った。念写の発見という先駆的な業績を挙げながら、その理論と現象が物理の法則と矛盾しているという理

学優位主義のいささか乱暴な理由によって承認を拒否されたばかりか、野に追われた福来は、その後四国の巡礼に出た。

青年時代から〝物の道理〟を求めつづけていた彼は学問にその解決を求めた。そして自省する。

「永年に亙《わた》る研究によって相当に知識を得たけれど、私の心は石のように冷たく固くなって、人に対して慈悲の心も同情の心も無くなっていることに気づきました。（略）しかし如何にしたら慈悲の心を養い得るだろうか。学問では駄目であることは明白でした」（『精神統一の心理』日本心霊学会、大正十五年）

巡礼の途上、自分の氷のように冷たい心に気づかされたあげく、ハンセン氏病に冒《おか》された見るも気の毒な病人と出会う。しかし臆病な彼は慰めの言葉ひとつかけることができず、逃げるように宿に帰った。自責の念から「枕をぬらす程に」泣きくれたのである。

その後、不幸な母娘連れに会って語らううちに「生まれて初めて至純至粋を以って私の魂全部を挙げて、哀れなる同胞の為に同情を寄する」、という体験をしたのだ。

続いて福来は「宇宙の太霊と接したい」という希望から高野山において修行する決意をした。そして、七十日の礼拝加行の末に、ついに「生きているということの幸福を此の一瞬間において悉《ことごと》く味い盡《つく》した」と感じる、「霊の洪水が胸の障壁を破って全身に漲ってくる」という形容しがたい神秘不可思議の心持ちになったという。

この福来の宗教体験は宗派を超え、鎮魂が完成した修行者の心理とそう遠いものではないはずである。宗教経験の一つの極地を体験した福来は精神統一を定義して、

「精神統一とは、あらゆる一切の観念が一の目的実現に向かって共同一致して活動する状態を云うのであります。此の活動は無念無想と一念堅持との二段から成ります」

と述べている。こうした状態の時にこそ、現実にあっては社会的問題や身体上の問題が解決するばかりか、神霊との道交も可能となり念写現象も無論この時に生じるのである。福来博士の言明は最盛期に向かいつつあった霊術家たちの心を激しくゆさぶった。初期霊術家たちは霊術と霊学の間を往き来していたが、霊術家たちが「精神統一」を変身の原理と位置づけ病者救済と霊術運動の拡大に狂奔するにつれ、霊学派の人々は宗教（神道）に向かっていった。こうして近代日本における霊的衝動は、霊術と宗教（公認）、類似宗教（未公認、当時弾圧の対象となった）、および日本的心霊主義という三方向において発揮されることになったのだ。前述した簡略ソフト化した古神道行法は、主として類似宗教の中に霊術と共に入り込み、第二次大戦の終戦を迎えたのである。

それらの宗教のいくつもが、〝戦後の新宗教〟として勝名乗りをあげていったことは記すまでもないであろう。

【後記】貴重なる文献を貸与下さった大宮司朗氏に感謝します。また、松原皎月、友清歓真の復刻本は八幡書店から出版されています。

第六章　大霊能者の黄金時代——心霊科学の鬼才、浅野和三郎研究——【浅野和三郎】

出会いのとき

その日の午後、夕暮れの空をバックにしてがっしりとした体格の男が浅野家の門をくぐった。風采卑しからぬ彼は何者？　勤め人でもない、職人でもなさそうだ。それにしても……。「茫洋とした顔つきに時おり鋭く光る眼は何を意味しているのか——」と家人たちはささやきあったという。

やがて座敷に通され、当主である浅野和三郎の前に威儀を正したその男は、先手をとるように、低いがよく通る声で突然の訪問の目的を語りはじめたのである。

それは鮮やかな口火の切りかたであった。

「先生が心霊界の大先覚であられることはよく存じております。いや、だからこそ今日、無礼をもかえりみず突然の訪問という挙に出たのであります。先生に見ていただきたい。その一念でまいりました。先生がご研究されている、あの程度の現象を起こすことは私にも可能です。だが、そのような現象はいったいなぜ起こるのか？　それより、私のできる現象がはたして心霊現象と呼べるものかど

浅野和三郎。昭和 11 年頃

うか、自分でも合点がゆかんのです」

話を聞きながら浅野はじっと、その男を観察していた。小肥りでひきしまった面がまえ、まなこから鋭い光りを放つこの好青年はいったい、どのような心霊現象を示せるというのか……。自分は十余年にわたって宗教と心霊の現象に興味を抱き、ここ一〇年足らずは例の大本教の最高幹部として巨傑、出口王仁三郎と差しでつきあってきた。その間に見聞した神秘と怪異の数々。その後に出会った特殊能力者の一群。予言する者、遠方から物品を心霊的にひきよせるという超能力を有する者、透視能力者、そして死者と交霊する面々。これら、世に霊能者と呼ばれる人物たちの研究者として、自分は第一人者だと自認してもいる。だが、男は霊能者特有の強力な磁場を持ちながらも、過去に出会った人びととはどこかちがう雰囲気をただよわせていたのである。

驚異の霊媒、亀井三郎

それは、どちらかというと女性っぽい雰囲気を放っていた王仁三郎とは異質な、けたはずれに強い精気に混じって、時おり発散される〝殺気〟のようなものを、浅野は感じていたからにちがいない。しかしながら、その殺気は表面上、青年らしい屈託のなさにかくされていたのであった。「どんな心霊現象ができるというのですか」と、浅野は第一声を放った。五〇年配の穏やかな問いかけに対して男は、まっていたと言わんばかりの口調で、間発をいれず言葉を放った。

「では、コップひとつと茶碗ふたつを用意してください」

何が始まろうとしているのか？

女中が直ちに台所にゆく。再び意表をつかれたかっこうの浅野は、腕組みをして男を凝視する。高まる室内の緊張に耐えながら、じっと両者を見つめている妻の多慶子《たけこ》。

やがて所望されたコップと茶碗がきた。

男は衆目の凝視にさらされながら無言でそのコップを手にとり、「ごらんください」の一言を放ったかと思うと、机の上にコップを伏せ、無造作に四つに折ったハンカチをかぶせた。一呼吸の間合いのあと、右手をコップの上に置いた。たちまち発生した驚くべき現象！　浅野をはじめ、その場に居あわせた妻の多慶子、三男、そして女中がまさに息を呑んだその現象とは――。浅野の文章から引用する。


「……やがて自分の右の掌を手巾《ハンカチ》の上に当てて瞑目一番、ウンと気合いをかけると、見よ！　コップはズル〱と徐《おもむ》ろに卓子《テーブル》の厚板の中にめり込んでゆくではないか！　五分、一寸、二寸、とうとうコップは卓子《テーブル》の厚板を貫通して、ポタリと疉《たたみ》の上に落ちて了《しま》いました」（『心霊読本』昭和一二年、心霊科学研究会出版部）

「うーむ、やるな」とかすれ声で呟く浅野。女中と三男は青ざめてみじろぎもしなかった。浅野家で用意したコップを用い、加えて鼻先一尺あまりの卓上で起こった〝コップの貫通現象〟。それはとうていトリックによるとは考えられない率直さに満ちていた。室内には六〇ワットの電燈が煌々と輝いていたという。浅野は「急いでコップを手にとって査べたが、それには何の異状もなく、又卓子にも些《すこ》しの痕跡をもとどめていない」のを発見したのである。

自分の超能力が認められたと察したせいか、男の緊張は急速にとけていった。用意されたふたつの茶碗を無造作に卓上に伏せると、女中に、「この中に何が入っていますか」と聞くのであった。「何も入っていません」と正直に答えた女中に向かって男は、愉快そうにニコニコしながらふたつの茶碗を開けた。

次に何が起こったのか。浅野は記している。

「意外にも一方の茶碗からは燕《つばめ》印の新しいマッチ箱が現れ、他方からは密柑《みかん》が一つ現れました。亀井氏は面白がって、そんな実験を両三回くりかえし、午後一二時近くになって辞去しました」（前掲書）。

こうして世紀の物理現象能力霊媒、亀井三郎は檜舞台に登場したのである。日本における心霊研究分野の開拓者、浅野和三郎は、亀井の異常能力に目をつけた。彼の能力をさらに伸展させ、人間の心霊能力と〝霊界〟の実相を明らかにするための日本初の物理実験霊媒に仕上げるため、亀井ともども必死の努力を開始したのである。

霊の世界の出現

亀井が去ったあと、浅野は感慨無量であった。心霊に関心を抱き始めて足かけ一四年。ようやくにして〝霊〟と霊たちが住む〝霊界〟の存在を世に知らしめるための「心霊実験」が開始できそうである。

従来、おがみ屋とか〝市子《いちこ》〟〝口寄せ〟〝巫女〟などと呼ばれる人びとが、神や先祖の霊たちを自らの身体に呼び、その意志や思いを伝えてきた。この事情は世の東西を問わない。いつの時代にもそのような特殊職能者が存在してきたのである。

亀井三郎。昭和 25 年頃

しかし、一九世紀以来、科学が発達するにつれて、人間が死んでなおかつ〝霊〟として存在するという考え方はナンセンスという一言で片づけられてきた。永遠の生命を得たい、という望みが、そのような迷信をつくりあげ、信じてきたのだ、と科学者は言う。

ところが、科学の発達と歩調を合わせるかのように、一八四八年のハイズヴィル事件を皮切りに、〝死後の霊〟や〝霊界〟の存在を暗示するような事件が続出した。それらの事件の周辺には、必ず奇妙な現象を媒介すると考えられる人物がいた。その人びとは、〝霊〟の世界と人間の世界の仲立ちをするという意味で「霊媒《ミディアム》」と名づけられたのである。ちなみに、現代では霊媒という言葉よりも、霊能者《サイキック》、特殊敏感者《センシティブ》という呼び名が用いられる場合が多い。

ともかく、霊媒たちがやってみせる現象にはつぎのようなものがある。

(1)霊言現象＝霊媒に憑いた〝霊〟が、その口を借りて語る。

(2)自動書記《オートマティックライティング》＝霊媒の意識は正常、あるいは恍惚状態《トランス》で、霊媒の手だけを支配し、〝霊界〟からの通信を行なう。

(3)物理的心霊現象群＝人間の通常の能力を超えた現象群で、〝霊〟たちがその存在を〝証明〟しようとして起こしている現象。

物理的心霊現象には（イ）ラップ＝空中や室内でピチッ、ピチッという音がする。（ロ）直接談話《ダイレクトボイス》＝霊媒から離れた場所（空間）から声がする。その声を拡大するために勝手に浮上したメガフォンから、発声されることが多い。（ハ）物品の超常的移動＝霊媒から離れたところにある物品が浮上したり、飛行したりする。（ニ）物品引き寄せ、消滅＝実験室にはない物品が突然、引き寄せられて出現、あるいは室外に消える。物質化現象＝〝霊〟が霊媒から抽出したエクトプラズムというゴム状あるいは液状の物質を用いて〝霊の姿〟を一時的に形成し、実験室に出現する。

一九世紀に英米の第一級科学者たちが行なったこれらの霊媒実験を「心霊実験」といい、霊の存在を証明しようとする研究を「心霊研究《サイキカルリサーチ》」という。約一〇〇年近くにわたった研究の結果、(3)の物理的心霊現象群のたび重なる成績によって、霊の存在を認める一派（心霊主義派《スピリチュアリズム》という）と、結論を保留する派に分かれたのである。西洋では現在、両派とも存在しており、後者は超心理学という呼称により、心霊の存在をもひとつの研究テーマにしつつ、主として人間の超能力を追求し続けている。

霊術ブームの上陸

ところで明治維新（一八六八）以降、国の文明開化政策により、ありとあらゆる思想と学問、物質と科学技術が、まさに雪崩こむようにわが国に殺到した。そのほとんどが前代未聞であったから、国情も世相も日、一日と変貌していったのである。

もちろん、「心霊研究」も「心霊主義」もわが国に上陸を果たした。もっとも、西洋における心霊研究は一八世紀のメスメル以来の「催眠術大ブーム」に引き続いて起こってきたので、わが国にも、心霊研究に先立って催眠術が上陸したのである。

薬も用いず手も触れず、人々を眠らせ、奇妙な動作を行なわせることのできる催眠術は、〈奇蹟の術〉として明治三〇年から四〇年にかけて大流行した。石井ブラックなどのプロ催眠術師は町から町を、村から村をめぐり「催眠奇蹟ショー」を興業してまわり、一方では横井無隣《むりん》などの催眠教授書業者は怪し気な通信教授で巨万の富をかせいだのである。

明治末は政治そっちのけで、あっちでもサイミン、こっちでもサイミン、万病を治すサイミン、悪癖を治すサイミン、株などの相場を当てるサイミンと、その狂乱ぶりは、ミスター・マリック超魔術やユリ・ゲラーのスプーン曲げブームの比ではない。人間はいつの時代にも、不思議大好きなのだ。

あまりのゆきすぎに、ついに政府も腰をあげ、「催眠禁止令」を出した。催眠治療を業とする民間業者は大打撃を受け、つぎに〈霊術〉の看板をあげた。

ところで、この催眠と霊術は奇妙な副産物を生んだ。それこそが催眠から超能力ブームへの架け橋となった「透視能力者」の誕生であったのだ。四国の長尾郁子、九州の御船千鶴子両名は日本の霊能者史のトップを飾る巨星である。明治末年、東京帝国大学心理学科助教授、福来友吉博士は長尾、御船両女性について研究し、彼女たちが透視能力の外に「念写能力」を持つことを世界で初めて発見したのであった。

というのは、同種の現象はずっと以前にアメリカで発生していたが、学者たちはその奇妙な写真が〝霊の力〟によって写るのだと主張していた。福来は、霊の力というよりも、彼女たちが放射した「念のエネルギー」によって〝写る〟のだ、と主張したのである。しかし、福来は、人間の心がエネルギーとして働くはずはないという物理学上の定説に固執する東大の理学者たちの圧力によって、学問の世界から追放されてしまった。

一方、霊術のほうは桑原天然《てんねん》、田中守平《もりへい》という霊術大家の誕生をみたことにより、快進撃を繰り広げてゆく。

しかし、ゆきすぎた霊術ブームは再び政府による規制令によって昭和五年以降、びしびしと取り締まられることになる。冒頭にみたように、つぎの大ブームになる〈大霊界時代〉の大立役者ふたり、浅野和三郎と亀井三郎が出会ったのは、前年、昭和四年の五月のことである。

亀井三郎との二人三脚、霊の存在を証明するための血と涙がにじむ探究の旅が、こうして始まった。結果として、この探究は成功し、浅野和三郎はわが国における心霊研究、物理現象のパイオニアとなり、今日までその名を残しているのである。

パイオニアへの道

浅野和三郎は明治七年、茨城県下で生まれた。父元斎は医師であり、地元の名士であった。元斎は多分に〝学問は男子の勲章なり〟という信念を持っていたらしく、子女にはもっぱら勉学するようにしむけた。結果として息子三人のうち、長男曍は帝大医学部に進み、次男正恭は後に海軍中将になり、末弟の和三郎は一高、帝大という典型的なエリートコースをたどって英文学者として名を成したのである。

昔から茨城県人の気質を表わす「水戸っぽの三ぽい」という言葉がある。つまり、骨っぽい、理屈っぽい、怒りっぽい、のことである。茨城新聞社の三富正雄が記すところによれば、三ぽいとは武士道精神的な気魄であり、人間を行動に駆りたてる衝動を生むという。そしてこの「〝行動的水戸っぽ〟は、短絡的な要素も示しながら、(一八六〇年の雪の桜田門外の変以後も) 日本の歴史にもたびたび登場する」(『県別日本人気質』河出書房新社刊) のである。

三富の文章には水戸人の〝先取り気質〟の例として、もちろん浅野和三郎の名はない。しかし、和三郎にしろ正恭にしろ、その行動性と先取り気質は後でみるように、水戸っぽの典型であるといってさしつかえない。

ともかく人並みはずれた気骨を内に秘めた浅野和三郎は、催眠だの霊術だのといった〝いかがわしい〟分野とは無縁であった。明治三二年東京帝国大学を卒業、ただちに東京商業学校の英語教師として赴任、さらに海軍機関学校の教官に転じている。シェークスピアなどの翻訳、英文学史の編纂など、気鋭の英文学者として一家を成していたのである。

ところが——またも記さねばならない。運命は気まぐれで皮肉である、と——。

運命を変えた透視実験

ふとした心霊能力者との出会いが、まさしく彼の運命を一八〇度〝変えた〟。それも完全なまでに。あの東大の理学者たちが忌み嫌っていた心霊の分野に〝学問的〟にわけいり、しかも、政府が完膚なきまでにたたきつぶそうとしたあの「大本教」にかかわったばかりか、その大幹部にまでなったとは。英文学者であったほうが、誰が見ても幸せであっただろうに。

浅野が心霊の世界に参入するきっかけについて、昭和の初めから戦後まで一貫して中京地区に住み、心霊的神道家として知る人ぞ知る宇佐美景堂は、つぎのように記している。


「浅野さんは横須賀時代に（彼の）長男が奇病を患ったことがあります。その治療に当ったのが石井ふゆという女性の加持祈禱師であったといいます。現代科学では治療し得なかったこの御長男の病気が（中略、彼女の）指示によって全快され、（中略、この動機により）浅野さんは、人生は表街道だけでなく目にみえない裏街道があるのではないかということで（中略）、石井祈禱師を研究台として、まず透視を研究された」（『命根石物語・別巻壱』霊響山房刊、昭和五〇年）

その透視実験とはどのようなものであったか。

浅野自身の文章にはあいにく〝長男の病気〟については見えないが、石井という女性行者の霊視能力に驚嘆し、人生観を転向した、とは記されている。〝純然たる懐疑論者〟と自らを表現していた彼を心霊界に導いた実験とは――。浅野の文章から引用する。

「『では私の蟇口に金がいくら入っているかも判りましょうね……』

『そりゃああなたお易い御用で……』

『では一つ行《や》って見てくれませんか。実は私も蟇口にいくら入っているかは知らないのだが……』

『宜しゅうございます……しばらくお待ちくださいませ』

私から透視の実験を迫られたふゆ女は、やおら起って祠《ほこら》の正面に進み（中略、十数人の信者とともに）般若心経を唱え始めた。（中略）もの、三、四十分も経った時に、（中略）やおら祠の前を離れたふゆ女は私の前に座を占め、茶を啜りながらこう言うのであった。

『今日は出来が悪く最後になって蟇口の中が見えてきました』（大意）。一円札がたしか二枚、それに五十銭銀貨、白銅、銅貨などごちゃごちゃ取り混ぜて、総計三円二十五銭入っておりました」（前出『心霊読本』）

結果はどうであったか。浅野はポケットの中から墓口を取り出し、有金全部をたたみの上にぶちまけた。そして彼は記している。「意外！　彼女の言った金額と只《ただ》の一銭の相違もないのであった……」

自分のある日の行動を透視するよう、人を送って述べさせ、その的中ぶりをみるなど、あの手この手の実験が繰り返されたが、「何故にかかる不思議の能力が、無智無学の一人の老婆に備わっているのか」浅野にはかいもく見当がつかないのであった。ふゆ女が崇敬する〝お狗様《いぬ》〟という神様のせいである、と割り切れる浅野ではない。自分で究めるしかない、この決心をして半年、日夜精神統一の工夫と実修にあけくれていた彼の近辺に、思いがけない事態が起こってきたのである。彼が「T夫人」と記している女性に優れた霊視能力が発現したのだ。

浅野によると、「T夫人」は爾来二〇年にわたって〝遠距離調査〟、〝守護霊指導霊の調査〟、〝他界居住者との交渉〟などに、威力を発揮したという。宇佐美によれば〝T夫人〟とは、実は浅野の妻〝多慶子〟のことらしい。

T夫人が妻であり、しかも彼女自身も熱心な心霊の探究者であったから透視や予言などの心霊現象の存在を確信するだけの証拠は充分すぎるほど得られた。しかし問題は残る。何故にこの種の現象が存在するのか。また、どのような原理によって？　神か、それとも「霊魂」が働いているのか……。

霊的母艦、大本教

こうした熱望に近い求道心を受けとめてくれる事態が、ついに起こってきたのは大正四年のことであった。

ある日、突然にかねての友人、飯森正芳海軍中佐が浅野家にやってきたのである。いつもとはちがった飯森の思いつめた顔に、浅野も身構えて話を聞かざるを得なかった。

飯森によれば、丹波の綾部という所に出口王仁三郎という聖者とも怪物ともつかぬ霊能者が居り、義母直子ともどもに神界からの言葉を伝える〝お筆先〟によって、来るべき世の〝立て替え〟〝立て直し〟を叫んでいる、という。浅野は出口王仁三郎について知らないではなかった。ただ信頼する飯森の口からこの話が出、しかも綾部訪問を強くすすめられたことが意外であったのだ。同時に、何かえたいの知れないときめきを感じたのも事実であった。宇佐美も推測するように、T夫人が〝王仁三郎〟や〝大本教〟の霊的調査に用いられたのは、まちがいなかろう。

ともかく、浅野は飯森ともども、まもなく綾部を訪問している。

王仁三郎、直子、両者との出会いは、浅野に強烈な印象を残した。直子の熱誠そのものの信仰態度、茫洋たる風貌に底知れぬ超能力を秘めた王仁三郎……、加えて、鎮魂帰神の秘法によって出現する数々の霊との対話、心霊能力開発法としての鎮魂帰神……、まるで国中の霊学霊術の大家が大集合しているような光景。しかも、王仁三郎はそれらの大家を前に、動じている風でもないし威張ってもいない。自分は井の中のカワズであった、と浅野が思ったのも無理はない。

実際、大本教は巨大な収容力をもった霊的空母であり、あらゆる層の人々をひきつけてやまない〝母艦〟であった。

浅野はこの場所で宇佐美景堂と出会っているし、霊的方面に関心を抱いていた数多くの知識人たちや、のちのちに宗教家として一家を成した多くの人材と生活を共にしたのである。

浅野の帰京後、今度は王仁三郎がわざわざ上京し、浅野家に滞在して教宣の日々を送っている。そして翌大正五年、浅野は家族をひきつれて綾部に移住したのである。まさに行動の水戸っぽの面目躍如ではないか！

綾部における浅野は、ひたすら鎮魂帰神行につとめ、まもなく優秀な審神者《さにわ》としての資質が磨きだされたのである。人の身体に神や霊を招きよせる鎮魂帰神法を実修する際に、この秘法の発現導入をはかるとともに、降りてきた神霊の正体をみきわめ、術の一部始終を監督するのが審神者の役目なのである。

高名な英文学者から審神者へ、しかも短期間に……。この驚くべき変転は浅野にとって何の不思議もなかった。王仁三郎の厚い信頼のもと、ナンバーワン審神者として浅野は無数の見えざる世界の居住者たちと対話を繰り返した。神々から古代霊、動物霊や自然霊（龍や稲荷神）、そして幽界で迷い苦しむ人霊たち――、この世とあの世を隔てるヴェールの彼方から一時的に呼びだされる神霊群と語り、時には教えを受け、暴力的な対決をする事も一再ではなかった。この時の経験が後の心霊家としての時代にどれほど役に立ったか、いうまでもない。

そして、もうひとつの出会いもあった。それこそが大本教が霊母艦であったことの証明なのであるが、昭和年間を通して活躍した多くの霊的指導者たちはその若き（あるいは初期の）時代に、大本教の薫陶をうけ、あるいは浅野を審判者とする鎮魂帰神を受けているのだ。その面々は、後に霊術家として立った栗田仙道、生長の家の谷口雅春、世界救世教・岡田茂吉、神道天行居・友清歓真、『近代日本霊異実録』の著者・笠井鎮夫、など十指に余るのである。

心霊研究の幕開け

大本教の急激な普及は同時に多くの反動を招いた。

浅野が綾部に移住して四年目、世の立て替えのお筆先は国の危機が迫り来ているという急進的な〝予言戦略〟的な側面を強めていた。国はもともと〝新宗教〟に対しては厳しく対応するという政策をとっていたため、大本教の〝突出〟を見逃すわけにはゆかなかった。また、当局は機関誌『神霊界』の記事と伝えられる王仁三郎の言動に、〝不敬〟の匂いを嗅ぎつけ始めていた。しかし、いったん射出された弾丸は誰も止めることができない。それどころか大本教の炎はいっそう激しく燃えあがっていったのである。大正八年五月、浅野は『大正日々新聞』の社長、主筆を任ぜられ、一般紙を用いた教宣政策の先頭に踊り出た。

しかし、大本教の快進撃はこれまでであった。大正一〇年、第一次大本事件勃発を機会に浅野は大本教を去ることになる。大本教事件については多数の著作があるのでそちらを参照していただくとして、本稿はいよいよ心霊研究者として立った浅野の足跡をみてゆくことにしよう。

ともかく、大正一四年七月一一日、浅野は嵐のような日々を送った綾部の地を去り、新しい住所である横浜市鶴見へと向かった。第一次大本事件ののち、浅野はひどく冷静に大本教をみるようになった。神諭についても、それを文字通り解釈するよりも、神諭が下るという〝現象〟を起こさせている真の〝霊的実体〟の探究、といった「心霊科学」の深化と一般への普及をめざす方向に関心をみいだしたのである。浅野正恭は「心霊上より見たる大本教」という論文を残しているが（『心霊界』大正一三年四月号、心霊科学研究会）、和三郎は大本教とのかかわりについて、あっさりとその感想を記しているだけである。

「大正五年の暮、私はすでに丹波の綾部に引移って居り、それから大正九年までの数年こそ、私が大本教と関係した大マゴつきの時代でした。（中略）鎮魂帰神の審神者は主として私でしたから（大意）、私が数年間に取扱った人員は、掛値なしに無慮一、二万にのぼるでしょう。（中略）大本教の内部に伏在せる罪悪を憎むことにかけて、私は決して何人にも劣らないと信じますが、しかし大本教が私の研究に多大の便宜を与えてくれた点だけは、今以て心から有難いと思って居ります」（前出、『心霊読本』）。

無理もない。浅野は大本教にというよりも、王仁三郎に感謝していたにちがいない。

今を去る大正五年、王仁三郎が浅野家に滞在していたおりのことである。他の人たちと共に鎮魂をうけようと精神統一に入ろうとしていた浅野に向かって、王仁三郎は、だしぬけにこう言ったのである。

「あなたは審神者におなりやす。あなたは審神者をやる役目の人どす」

「えっ」と、絶句する浅野。「どうするか私にはわかりませんが……」

「おやりになれば自然にわかります。大事ござへん。まァ行《や》ってごらんやす」

王仁三郎は、浅野の霊的資質を見抜いていた。いや、大本離脱後の彼の動向をすべて予知したうえで、そうすすめたのかもしれないのである。第一次大本事件の弁護士、花井卓蔵が「神様まかせで至極呑気である」と評した王仁三郎はやはり、希代の傑物であるにちがいない。

霊能者を求めて

大本を去る数年前、将来の進路を「心霊科学の確立と普及」と決めた浅野は東京と綾部を往復し、研究会の設立に向けて努力を傾けていた。根まわしが成功し、東京は本郷元町に「心霊科学研究会」事務所が置かれたのは、大正一二年春のことであった。

設立に参加したのは多くの知識人を含む数十名であったという。その中には『霊怪の研究』(嵩山房刊、明治四四年)など、多くの先駆的な心霊関係の書物の著者・高橋五郎、どういうわけか福来事件で否定派であった藤原咲平などが含まれている(『心霊界』大正一三年三月創刊号)。

直ちに月例会が始まり、日本初の心霊研究雑誌『心霊研究』が発行された。

三月の例会には中野馨という一二歳の少年霊能者を用いた透視実験が実施された。この少年には、「前後二〇回」にも及ぶ実験が、東大精神科の医局員らを交えて行なわれたが、その結果は「ある範囲では正確で多人数の前でも平気なので、初学者に心霊現象を体験させる目的では貴重な存在であった」という。その他、山田十一、傳野天龍、杉山吉太郎らの霊術家が実験に供されたのである。

しかし、この新しい出発は例の関東大震災により一時中断されることになる。雑誌『心霊研究』は三号でとだえてしまったのだ。

だが、今さら後に引く浅野ではない。本拠地を大阪に移して、新雑誌『心霊界』が早くも大正一三年一月に刊行されている。

真正な霊能者をみいだす努力も、依然として続けられていた。「日本の心霊現象と霊能者」という一文の中で、浅野は霊能者を六つのタイプに分類している。この分類は今日でも通用するのであげておこう。

一、学術研究に理解なく、学者から厳正に実験されるのを毛嫌いする者
二、神経質ではにかみ屋、いざとなると充分に能力が出せない者
三、つまらぬ能力を針小棒大に吹聴して金もうけ、売名を眼目とする者
四、過去に能力はあったが、今はその全部もしくは一部を失った者
五、非凡の能力を有しつつ、ある見地からわざと実験に応じない者
六、その能力の運用が微妙高遠で、万人向きの客観的方法を以って究め難く、主として相手を選び、種々の体験を与える者（以上、多少要約・筆者）

最初の四種類はほとんど論ずるに足りません。単に自己の品性の低劣、修養の不足を表明するにとどまり、東洋の恥辱とはなっても、決して東洋の名誉ある特色とするには足りません。東洋の心霊研究者として甚深の注意を払うことを忘れてならないのは最後の二種類であろうと存じます。（『心霊』心霊倶楽部刊、大正一四年）

この文章には、浅野の心霊家としての長い経験と苦しみが吐露されている。

透視能力者・中野少年のあと、さして優秀な能力者との出会いはなかった。中にはトリックを用いる〝霊能者〟さえいたし、多くの霊能者は証拠のとりようがない思いつき的な〝前世〟や、どうとでもとれる〝霊言〟をまきちらすばかりであった。

おおむね言えることは、霊能者は神ではなく聖者でもない。超能力と人格は必ずしも一致しないという体験的な事実であった。驚くべきことに、とても霊能者とは思えない人物にも熱烈な支持者がつきまとっているという悲しい事実であった。科学的な実験が行なわれない限り、世間がこの分野を認めるはずがない。本物の霊能者よ出よ！ 浅野は祈りたい心境であった。

しかし、昭和に向けて天は浅野に味方をした。奇蹟的な巡り合わせが起こってきたのである。まず御嶽行者で「物品引寄せ」能力を有する品川守道の出現である。『心霊界』の編集子はつぎのように報告している。

「……最初の実験は（大正一二年）八月二二日の午後に行われ（中略）品川守道氏の物品引寄せで百里も二百里も隔てたる土地の物品が転瞬の間に掌中に引寄せらる、ことが正確に証明されました」「引続いて同氏の実験は秋から冬にかけて数回にわたり行われ北辰妙観音、薬師寺の三黄金仏像、古鏡、水晶玉金環、及び八個の宝石が種々の形式方法を以って引出されました」

まさに、驚くべき現象である。

引き続いて、〝仙人〟型の青年霊能者・後藤道明が出現した。彼は北海道の遊楽《ゆうら》倶部山《くぶさん》の仙境に出入りし、種々の超能力を授かったというのである。

このような経緯をへて、浅野はついに世紀の物理霊媒・亀井三郎と出会うことになったのだ。本稿の冒頭に記したように、浅野は亀井と出会ってから、亀井の代官山の下宿におもむき血のにじむような霊能開発訓練を実施したのである。亀井もまた浅野の苛酷な要求によく耐えた。日本にはもともと霊言型の精神的霊媒が主流であったが、浅野が亀井に求めたのは、完全な〈西欧型〉の物理霊媒であった。

結果として、亀井はその年中に浅野の、この驚くべき要求に応えたのである。

心霊科学の時代

浅野の歩みは、『心霊研究』刊行の時期、続く『心霊界』の発行時代（大阪）、それに、生涯とまることなくホットな実験記録や海外の文献紹介を記し続けた『心霊と人生』誌の発行時代の三期に分けられよう。

ところで、維新以後の心霊思想の本邦への進捗は、不完全ながらいくつかの文献をとりまとめた『心象及び其の実験』（渋江保著、内外出版協会刊、明治四二年）、前出の高橋五郎による著訳書『心霊の秘密』（平田元吉著、同文館刊、明治四五年）などが嚆矢《こうし》となり、その後大正末年にいたって、まるで浅野の歩みに歩調を合わせるかのように中京地区で、林海華が『心霊研究』（大日本心霊現象研究会刊）なる雑誌を発行している。

その目次を見ると、「死後の生命」「霊及霊媒」「生霊と邪霊の働き実験」など、科学的に見えるものの、本文を読んでみると仏教と習合した霊魂観、神道的霊魂観等がかいま見え因習をひきずっている。その他、筆者がまだ関知していない研究者や団体があるかもしれないが、西欧スピリチュアリズム、心霊科学の観点から霊魂をとらえ、実験と海外文献の紹介の両面を縦横に駆使した浅野の業績はまさに鬼に金棒、他の追従を許さぬ、先駆者といってさしつかえない。

昭和五年ごろを切口に見ると、宇佐美景堂と中野博堂が〝実用心霊術路線〟で活躍し、インテリ小田秀人もまた「菊花会」という組織をひっさげ、浅野と同じ物理霊媒を用いた実験路線をつっ走り始めている。

これらの人びとの血のにじむような努力は、昭和に入って爆発した。

「心霊」の流布

いささか力が衰え始めた霊術にとってかわって心霊は、雑誌新聞の見出しをセンセーショナルに飾るまでに成長したのだ。

知識人の浅野は、心霊科学を広く一般に普及するにはマスコミの波に乗り、政府財界人の支持を得ることが第一であると見抜いていた。このあたりに、大本教時代の『大正日々新聞』での経験が生かされたのだろう。新聞社の共催をとりつけた「公開実験会」、亀井霊媒を用いた直接談話《ダイレクトボイス》による「霊の声のレコード」発売などなど、いまや捨身となった水戸っぽの意地と行動力が最大限に発揮されたのだ。昭和三年には米国と英国を訪問、国際スピリチュアリスト大会に出席、帰朝報告会の開催、大

亀井三郎のわが国初の物質化現象。エクトプラズムに現れたのは支配霊モゴール

本教時代に一万人もの人に鎮魂を施した、あの驚くべきパワーが心霊科学の普及に向かって全開されたのである。

こうして、心霊科学の黄金時代が招来された。この「心霊科学《サイキックサイエンス》」とは、一般の科学とは異なり、心霊の存在を前提として人間や世界を広い視野で研究する領域のことなのである。

亀井三郎に続き、沼津に新たな物理現象霊媒が発見された。物品引寄せ現象を得意とする本吉嶺山である。その他、昭和八年頃には萩原真と女性物理現象霊媒の内山若枝が世に出た（『四次元の不思議』小田秀人著、潮文社刊、昭和四六年）。関西からも霊言はおろか直接談話、実験室における物品浮上、物品移動、物質化霊出現などの広範囲な物理能力の持ち主である津田江山が出現した（たとえば『不滅の心と人生』間部詮信著、霊理協会刊、昭和二四年）。

いまや霊媒不足に困ることはない。次から次に出現する物理霊媒たちは暗室の中にすえつけられた黒布製のキャビネットの中で、椅子に固く緊縛され、霊媒が精神統一を経て失神すると、まもなく支配霊《コントロール》と称する〝霊〟が出現し、〝霊魂〟の存在を仮定しなければ説明できないような心霊現象が発生、やがて、空中に浮上したメガフォンを通して交霊実験会出席者にゆかりの親族の〝霊〟や、守護霊、指導霊などが〝生前の肉声〟で語りかけるのであった。

ちなみに、亀井三郎の支配霊はモゴールというインド行者の霊、本吉嶺山にはヒマラヤのゼネール、津田江山には〝八斗〟霊、小田秀人が苦心の末に養成した物理霊媒・竹内満朋にはロームという霊界人が、それぞれ支配霊として働いているといわれる。

亀井三郎の交霊会

それでは当時の物理的心霊実験交霊会の模様を、亀井三郎の交霊を例にとって記しておこう。主要引用文献は前出、小田秀人と間部詮信の著、および『心霊と人生』誌、『心霊研究』（戦後再出発号、現財団法人・日本心霊科学協会）誌のバックナンバーである。

・実験日時　昭和六年五月二二日午後一〇時消灯開始
・実験会場　京橋区槇町・梅田ビル地階
・担当霊媒　亀井三郎
・列席者（立会人）　石原純理学博士、熊谷千代丸医学博士、岩波書店主（当時）岩波茂雄、他八名
・特殊実験（石原博士の求めによる）　金網のカゴの中にゴムボールや玩具を封入したものを用意。物品引寄《アポーツ》によってカゴ内部の被験物が外部にとり出せるかどうか。カゴと被験物には夜光塗料を厚く塗布。

〈実験経過〉　二メーター四方のビロードのキャビネット（天井付、前面のみ開閉可）の中の椅子に身体検査を受けた霊媒が着席。手足とも麻縄で緊縛、施錠、封印。会場の三つの扉と窓に施錠。一〇

時消灯、暗闇となる。霊媒は失神したようすであるが現象生起せず。招霊用の音楽以外は無音の時が流れる。

いきなりラップ音。空中より支配霊モゴールと思われる声す。「ハロー、みなさんこんばんは」司会の小田答えて「今晩はいろいろ新しい顔も見えていますので、思う存分の現象を見せてくださ い」「よろしい」

長い沈黙の時間を取り戻すように、激しい現象が連続した。暗やみの中で鈴、リン鳴る。夜光塗料を塗布したゴムマリ、人形、ガラガラなどが、ひとつずつ、あるいは同時にいくつもが動きまわる。サイレンが鳴りながら部屋中を飛翔。（中略）夜光塗料で光る正面の机が動き始め、次第に上昇、二メーターも浮上して落下する。

暫時現象中断。右側の机の上に置かれた金網のカゴをおおった黒布がひとりでに取り払われ、カゴと内部の被験物が夜目鮮やかに光って見える。ゴムマリが動く。カゴの上部にぶつかったか、と思う間に見よ！　マリはカゴを抜けて上空に飛び上がり、落下してカゴ内部に戻る。衆目の前一メートルのところで複数のマリや玩具がぶつかり合いながら、金網など無いかのように出入りを繰り返す。

会場には驚きの嘆声がいっせいにあがる。（中略）懐中電灯の赤い点滅光に照らされて〝物質化〟した霊像がつぎつぎに出現。立体的な人像が十幾つか見える。机の下に何かがあるとの合図で（霊側の許可を得て）懐中電灯をつけて調べると、青々としたオモトが根と土つきで落ちていた。物品引寄せである。

その後、エクトプラズム製の板に〝妙光〟という字が出現するなどの現象があり、午前二時終了。直ちにキャビネット内部を点検したが、霊媒は失神硬直したままであった。縄と錠、封印いずれも異常なし……。

信じられないような記録である。しかし、各文献が繰り返して報告するように、この交霊会はごく普通の物理現象実験会の典型例である。カゴの中のゴムマリの現象が面白いので、筆者が多くの実験報告の中から選びとったにすぎない。ただ、霊媒の体力の消耗は相当ひどいようだ。この種の実験会に何度となく出席した先駆的心霊研究者のひとり、粕川章子は次のように記している。

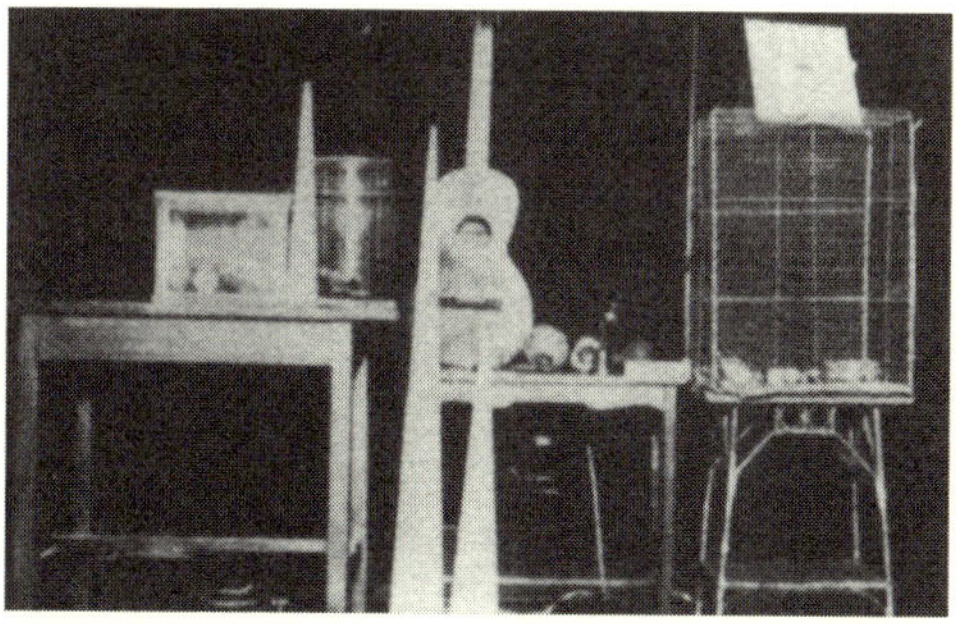

物質通過の実験に用いられた実験道具。右の金網の中のゴムマリが出入りを繰り返した

「霊媒本吉氏の物理的現象は物質化の如く長い時間に渡るものではないが、それでも襦袢《じゅばん》抜き或は物品引寄せなどの場合、合図をうけてキャビネット内に入ると、役目を果した氏の身体はいつも石のように固く冷く、まったくこの世の人ではない。(中略、以下大意・亀井氏の初期公開実験時に、誰かが電灯のスイッチを入れた。少量のエクトプラズムを放出する軽い実験であったにもかかわらず)亀井氏は苦悩叫声をあげて倒れた。私はその時

に見た氏の苦痛に歪んだ顔、宛《さなが》ら虚空を摑んだ両の手を忘れることができない」(『心霊研究』誌、昭和二二年第六号、(財)日本心霊科学協会刊)

新らしき死後の証明

続々と誕生する霊媒のニューフェイス、霊媒たちの生命がけの実験を実見した人々の中から浅野の主旨に同調し、研究に入る知識人や科学者も増加してきた。浅野の寝食を忘れた精進が実ってきたのだ。しかし、天は浅野の使命はこれまで、と思ったのか、昭和一二年二月三日、享年六四歳で彼は自らが研究のためにのめりこんでいた「霊会」へと還っていったのである。〝私は必ず交霊会に再来する〟の言葉を残して。

研究界は巨星逝くの報に茫然自失の体であった。あまりにも彼は強力で巨大であったのだ。そして、弟子の霊能者をはじめ、関係者はすべて彼の遺言を信じてやまなかったのである。

小田が記すところによれば、帰幽二日後の二月四日、かねて開催予定になっていた萩原霊媒の交霊会に突如として出現したという。

形式は直接談話で、「生前そっくりの例のかすれた、底力のある声で『小田君』と呼びかけ、心霊研究に助力する旨の言葉を残して去ったという。さらに、同月二三日に恒川女史宅で行なわれた慰霊交霊会において、多慶子未亡人と子女が臨席する中、驚くべきことに浅野は物質化して出現し、家族と涙と感動の対面を果したうえ、物質化像の撮影に応じたのである。霊媒は萩原真。

果たして浅野は〝霊〟となって〝霊界〟に行き、関係者たちが信じるようにその世界で〝生きて〟いるのであろうか。また、萩原霊媒の交霊会に〝下りて〟きて、語ったことは真実なのであろうか。死後の生命問題は、あまりにも大きく深い。浅野が半生をかけて「証明」した死後の生存は、まず第一に彼がその確信を得るための研究であったのだ。浅野が切り拓いた心霊の道をまず知識として受けとめ、それがわれわれひとりひとりの信念にまで高められるかどうかは、私自身、読者自身のこれからの歩みにゆだねられるのである。

浅野亡きあと、関係者たちはいっそうの結束を固め、『心霊と人生』誌の発行を継続した。やがて第二次世界大戦が始まり、一時は心霊の灯も消えた。

しかし、終戦後、昭和二二年になって、その灯は再び点火されたのである。日本心霊科学協会がそれである。初代理事長は弁護士・吉田正一。彼の妻、綾《あや》はおそらく史上に残るであろう霊視霊聴を主とした霊能者であった。また昭和二四年には、浅野正恭、脇長らが、浅野和三郎の衣鉢をつぎ、心霊科学研究会を復活した。吉田夫妻、浅野正恭・脇ら亡きあとも両団体とも現在も活発に活動している。だが平成元年、わが国はただのひとりも物理霊媒を持たない。

考えてみれば、政治の流れと連動しながら、〝時代〟はいつも、大衆の欲求を満たす形で精神的霊的現象

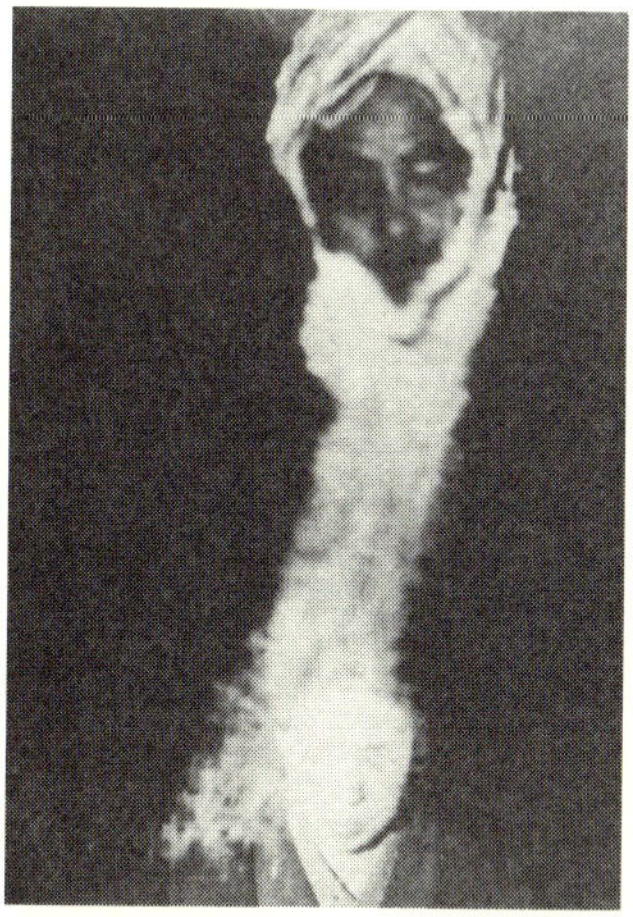

浅野和三郎の霊写真。手前は多慶子夫人

と運動を生む。明治〜大正という神秘を抑圧する時代性が鎮魂帰神と大本教を生み、その動向を敷衍《ふえん》しながら心霊科学が日本に定着したのだ。こころと身体と霊をめぐって循環してきた宗教的霊的運動の、これからの行方は奈辺にあろうか。それは、われわれの内奥からもれ聞こえてくる〝永遠〟からの問いかけに応じて、われわれの意識の総合と時代のわく組みが、わきあがるようにつくりだしてゆくのだろう。そのいくつかは、われわれに覚醒をうながすためのショッキングな〝心霊現象〟的要素をおびているにちがいない。

平成一年の五月のある日、筆者は日本心霊科学協会関西支部長の越智史郎に会った。亀井三郎の末路を取材するためである。

「何年前だったか……二〇年近く前のことだな。何とも寂しい葬式でね。面倒をみる人がいて、その人から関西支部に知らせがあったんだよ。で、いくらか金を包んでいってね、それで葬式をあげたの。何せ天涯孤独、無国籍だったから……」

「えっ！　無国籍ですって」

越智は表情も変えずに言った。

「確か小田さんの本にも書いてあるだろう。どこからともなく出現したんだよ」

「でも交霊会の報酬は高額だったとか」

「そんなの……。酒ばかりくらってね。だいたい亀井三郎というのは〝仮名《カメイ》の三郎〟とも言われているんだ。誰も本名を知らないというから、ともかく謎の人物だな」（浅野和三郎の長女秋山美智子氏

によると、亀井三郎という名前は浅野和三郎が名付けたものという）

神道的心霊主義の完成に余生をかけ、心霊研究者として長年のキャリアを持つ越智を見つめながら、頭の中に、浅野と亀井の出会いの光景が点滅した。実験室の暗闇の中、縄でぐるぐるまきに縛られ呻吟する姿、何かを癒し忘れようと盃を重ねる男。職業はプロ霊媒。彼は薄暮の世界から浮かび上がるように姿を現わし、日本初の物理霊媒としての巨大な仕事を終え、再び霧のかなたに消えていったのだ。その先導役をつとめたのは、かの〝モゴール〟霊であったのだろうか。

〝大霊界〟がエンターテイメントになる時代、脳死が問題になることはあっても、脳死以後が論議されることは少ない。しかし、生きとし生けるものはいつの時代にも、生まれ、そして死んでゆくのである。筆者もあなたも例外ではありえないのだ……。（文中敬称略）

※写真提供／秋山美智子・浅野勝良・浅野修一・大西弘泰・塩谷勉

第七章　荒深道斉の有史以前研究への超心理的アプローチ――【荒深道斉】

二〇年ぐらい前のことである。

と、記しながら自分でびっくりしている。月日がたつのは早い、ということばかりではない。その出来事が、その時一回かぎりであれば、久しぶりに思い出したときはいつも感慨を覚えるだろう。しかし、この出来事そのものは一回かぎりであったが、その後の二〇年間をふりかえってみると、それをスタートにする一連の気づきや出会いが、点滅を繰り返しながら人生の上に現われたのである。

ロックガーデンで出会った謎の巨石

その日、たぶん真夏の昼前であったと思うが、われわれのパーティは、六甲山の最高峰をめざして〝ロックガーデン〟の急な岩道を登っていた。ディスコもカフェバーもない時代に、若者の鬱積した気分を救ってくれる所といえば赤チョーチンに山登り、と相場は決まっていた。恒例の日本アルプス巡礼を前に、休みという休みはすべてトレーニングをかねた小登山に費やされていたのである。

神戸市の背後をがっちり固めるように位置する六甲山系のうち、ここロックガーデンは、いかにも若者好みの岩稜を持つために人気を集めていた。緑のないのがかっこいいのである。岩から落ちるかもしれない、という危険が快感を呼ぶ。

ロックガーデンを登りつめると、平凡な山道に出る。その少し手前、ハイカーたちがもう一息、と思いなおすその地点で私は岩に手をやりながら何気なく（実に何気なく）左手上方を見上げた。そこには裾をブッシュに飾られ、ぬけるような青空に輪郭をくぎられた逆台形の、高さ二メートル余りの大岩がそびえていたのである。何の感動もなかった。しかし、奇妙にも目は、大岩の上から三分の一ぐらいのあたりをさまよっていた。

〝字だ〟と呟いてすぐ言い直した、〝図だ〟……。何故この岩に目が釘づけになったのか今から考えると私は、言葉ではいい表わせない〝変な気分〟であった、としかいえない。あの高い岩の上部に、しかもこのように険しい道のそばに、誰がイタズラをするだろうか？　字とも絵ともつかない（つまり日本語ではない）ものをイタズラで刻み込むには、あまりにも危険な作業である。

×印のようなものもある。△らしいマークも見える……。しかし、その一辺一〇センチメートル内外の〝文字（？）〟は、長年の風雪にさらされたのか、かなり摩耗しているように見うけられた。仲間の呼ぶ声にはっと気づいた私は、その岩から目を離すと、彼らの後に続いた。

その間、何分ぐらいであったのか、長かったのか短かかったのか記憶にない。そして、この出来事は仲間にも話さなかった。宝物を発見したような気分であったからだ。

……そして、これも奇妙なのであるが、その山行以降、ロックガーデンには二度と再び足を踏み入れることはなかった。避けたのではない。だれがいうともなしに、トレーニング場所が滋賀県の比良山系に変わったのである。数十回にもなろうというロックガーデン山行の、最後の一回に起こった〝奇妙な発見〟。まるで、この発見をするために数十回も私は、何も気づかずにその岩のそばを営々と登っていたことになるのだろうか……。

私が気づいたのではなく、その巨石が気づかせたのであろうか？　ともかく、その日以後、この体験は私のこころの奥深い所にある保管庫に収容されたらしく、思い出すことすらなかったのである。

デニケンをしのぐ日本の古史古伝研究

山行のかたわら、もうひとつ私が関心を抱き、今に至るまでかかわってきた分野が超心理学である。白状すると、心霊科学にもかなり深入りしてきたのである。しかし、超心理学についての著作や訳書はつぎつぎと世に出してきたものの、心霊については、ほとんど何も書いていない。

理由は簡単である。まず、科学でアプローチできる超心理学を探求・発表し、それから心霊分野をやればよいからだ。ましてや、この稿に記す〝超古代史〟関係については一度も書いていない。広義のオカルトと宗教、考古学をクロスオーバーするこの分野に分け入るには相当な決意がいる。問題自体が複雑であり、あまりにも安易でいかがわしい説が流布されすぎている。

たとえば十数年以前から言われているフォン・デニケンの超古代とUFO説など、読みものとしては面白かったが、細部をみると、とうてい科学的とはいえない。しかし、彼の並外れた想像力がオカルト界に新風を吹き込み、斯界《しかい》に新ネタを提供した功績は大きい。

ところで、日本においてはデニケンよりはるか以前から「古史」「古伝」の研究が続けられてきた。その対象になるのは『古事記』『日本書紀』という正統的歴史原書ではなく、日本のあちこちに秘められてきた文献の類である。武内裕氏によると、それらは『上津文《ウエツフミ》』『宮下文献』『竹内文献』『九鬼《クカミ》文献』『物部《モノノベ》文献』『秀真伝《ホツマツタエ》』『三笠文《ミカサフミ》』『神頌叙伝《シンショウジョデン》（契丹古伝）』『東日流外三郡誌《ツガルソトサングンシ》』『カタカムナ文献』など一〇種類にものぼるという。[1] その他、最近注目されるものに、『異端記』と『かたいぐち記』という古伝の内容を伝える『岩屋天狗と千年王国』[2]がある。

しかし、本稿では、これらの文献そのものについてあれこれと論議しようとは思わない。だいたい私は、これらの古史古伝についてよく知っているものの、その内容に暁通しているとはいえないからだ。ただ、私が切り込める角度は超心理的、あるいは心霊的次元からのアプローチなのだ。

証拠物件に介在する意図的操作

各文献の淵源は古く、現代にまで伝承されるにあたって、そのオリジナルな内容が伝えられているかどうか多少の疑問が残るところである。また、漢字ではない〝神代文字〟で記されている文献については、その翻訳上の問題がついてまわる。けれども、これらの問題を差し引いても、古史古伝は歴史上のつきせぬ興味を広く集める証拠物件であることはまちがいない。

『古事記』『日本書紀』（以下、「記紀」）のすぐ前はいきなり弥生時代に、さらに縄文時代へと、歴史は急激に原始時代に突入してゆく。逆にいえば官製の歴史学は、原始人の時代ときらびやかな宮廷生活を無理につないでいるような印象を与えるのだ。しかも、言葉を喋ったにちがいない縄文人や弥生人が文字を持たず、ある時期からいきなり、相当な教養がないと読めない漢字のアテ文字が〝国語〟になるのだから、専門家でなくとも、何か意図的な操作を感じるはずである。

漢字ではない原日本文字を〝神字《カムナ》〟と呼ぶと、吾郷清彦氏はそれらの「古代文字は一一五種にのぼっている」[3]、という。政治的意図によって、あらゆる古代の文字が抹殺されたといわれるが、それをかいくぐって後世に伝えられた一一五種のうちひとつやふたつが偽作ではなく「本物」の生き残りであると考えたほうが論理的である。

しかしながら、古史古伝が書き残している〝伝え〟のすべてが真実であるとはとうてい思えない。内容の捏造、改竄が充分に考えられるからだ。しかし、この危惧が古史古伝にとどまらず「記紀」にも及ぶのはいうまでもない。また、現代の心理学が明らかにしたように、伝聞、伝承、暗唱などの動作が錯誤を生じることは当然であるし[4]、伝承が口唱で行なわれ長期間を経たとすれば、錯誤や変型の混入は当然のことといえよう。

このようにみてくると、古史古伝論争が濾過しがたい困難さに縁どられている、ことがよくわかる。だからこそ、この分野にいったん分け入った人は容易に出口に到達できず、霧の中での蠱惑《こわく》とロマンに満ちた旅を楽しむことになる……。

困難さを増幅させる精神的霊的次元の混入

もうひとつ、古史古伝にまつわる困難さは精神的霊的次元の混入である。
「天土《あめつち》の初て発《ひら》くる時、高天《たかま》の原に成りませる神の御名は天之御中主神《あめのみなかぬしのかみ》、次に高御産巣日神《たかみむすひのかみ》……」
と、『古事記』にあれば、誰しも歴史を連想するよりも〝宗教〟〝神道〟を思い浮かべてしまう。そこで、歴史学者は神話と史実を分類しようと努め、宗教家は宇宙のはじまりと神に思いをめぐらせ、少々変わり者の科学者は原文を合理的に解釈しようと科学理論をそこに持ち込もうとする。

しかし、ここに一群の風変りな関係者たちがいる。霊能者、霊媒、神代、神台と呼ばれる人々である。この人たちは身に備わった透視能力を用いて過去と未来を瞥見《べっけん》し、神や霊の憑《よ》り台として異界神の口になり、あるいは身体から〝幽体〟を脱出させて〝神界〟や〝霊界〟を訪問したり、過去と未来の世界に遊ぶ。

従来、ともすればあの世とこの世をまったく別物であると考える傾向があったが、この両者は「型」によって結ばれた〝フラクタル次元〟を共有している、と武田崇元氏はいう[5]。つまり、この霊的な次元にこの世の出来事の鋳型が存在するからこそ現界からみた過去や未来に関する情報が、霊能者たちによって〝解読〟されるというのだ。

実際、古史古伝の多くが神社の奥深くに秘められてきたという事実は興味深い。そこには長年にわたる神職や神台のかかわりがみられたはずであるからだ。

特に『竹内文献』にその色彩が濃い。竹内巨麿《きよまろ》、この怪異な神官によって世に明らかにされた同文書は、破天荒な内容にうずまっている。(6) 神武以前に数百億年にわたって皇統が連綿すること、「ミヨイ」「タミアラ」というアトランティスとムーに相応するとみられる古代大陸の一代記など、民族性はむんむんしているものの、デニケンの超古代考古学などぶっとぶ迫力である。

……それはともかく、現代超心理学では厳密な実験的研究によって、

未来を知る超感覚現象＝予知 Precognition

過去を知る超感覚現象＝後知《こうち》（過去知）Retrocognition

——のふたつが存在することが証明されたのである。(7) すなわち、霊能者たちはフラクタル次元に存在する情報源と接触できるのだ。彼らが取得した（超）過去の情報のなかに読み誤りや先入観などのノイズやバグが含まれているとしても、そのすべてを否定することはできないのだ。武田崇元氏はじめ吾郷清彦氏もまた、霊能者の情報のうち、とるべきものはとるべきである、と発言している。(8)

つまり——、過去にも現代にも、何人もの特殊能力者たちが超古代にタイム・トラベルしたのはまちがいないのである。

超能力者たちのタイム・トラベル

この事情は東西とも共通である。ただ、タイム・トラベルする形式にはいくつかある。

二〇世紀はじめまでの欧米においては、霊媒性トランスに乗じて古代霊が出現する例が圧倒的に多

かった。失神している霊媒の口を借りて、古代霊が登場するのだ。それがどういうわけか第二次世界大戦後には、催眠性トランスのもとで被催眠者の年齢を退行させてゆき、ゼロ歳以前になると人格が転換され、その本人の前世人格が登場する、というパターンが増えてきたのである。

最も有名なのは､ブラディ・マーフィーのケースであった。アメリカの一介の家庭の主婦であるルース・シモンズが一八世紀のアイルランド人、ブラディ・マーフィーに転換した本例は、全世界にセンセーションを巻き起こしたのである。イギリスのプロ催眠術師アーナル・ブロクスハムはこの種の催眠術の熟達者で、BBC放送のドキュメント番組で大きく取り上げられ、出現した〝前世人〟たちは古代ギリシャの様子など、過去の社会における生活をこと細かく語ったのであった。

ところで、これらの実験は〝前世の証明〟を得るために行なわれることが多いが、その前世人が語る〝当時の状況〟、つまり過去の情報には大量の歴史的状況の描写がみられるので、歴史研究に役立つのである。

日本では伝統的に「鎮魂帰神」の形式をとることが多く、この場合、神主と巫子、審神者《さにわ》と神台という聞き役と語り手、二者が介在して〝帰神〟が行なわれてきたのである。この呪術の淵源は上古にさかのぼると思われるが、維新以後、激烈な西洋化の政策に対抗するかのように、民族性に強く染めあげられた鎮魂帰神のニューウェーブが輩出した。その最大規模のものが、大本の鎮魂帰神であったことはいうまでもないが、その他にも日本のそこここで神名《かむな》のりの声が巻き上がっていたのである。

ここでは、そのうちのひとつである荒深道斉《みちなり》と彼の「純正真道」に焦点を合わせ、その驚くべき現象と主張についてみてみよう。

道斉に憑依した霊体〝イワヰヌシ〟

昭和二年一二月一二日、この日は荒深道斉（本名道太郎）にとって、積年の疑問が氷解した記念すべき日であった。

道斉が『霊素発輝《たまたねおこし》』(9)に記すところによれば、彼が鎮魂の志を抱いたのは明治二六年の春、二三歳の年であるというから、この年の道斉は五六歳、およそ三〇年あまりを費やしたことになる。神道教校・宮地厳夫《いづお》師の講話に感銘を受け、志をたてたものの、生活との闘いと生来の病弱な体質から苦境に陥ること幾たびか、サラリーマン生活が終結した大正一二年、ようやく修業に専心できる環境を得たのであった。

ただちに、当時大本をしりぞき、独自の宗教活動を始めていた友清歓真《よしさね》師の著『神機鈎玄《しんきこうげん》』に基づく鎮魂の自修に入ったのである。たちまち引き起こされる霊動と、鎮魂中のさまざまな幻像……。修業日誌から引用する（抜粋）。

大正一二年五月四日　朝、身体の動き常と異りて、瞑目中に曉雲《ぎょううん》を見る。其《その》曉雲中に三神現わる。

同年同月八日　朝、身体及印手《むすび》の劇動の后《のち》、印手を臍辺《へそのあたり》に下し閉目中に床上の装具を見る。

同年八月一七日「自凝島《おのころじま》は太平洋中にあり。魚介の種子《たね》は淡島《あわしま》より放殖す」と口走る。（中略）此《この》日は静坐を始めてより以来、未だあらざりし現象を見、之れが霊示とも霊啓ともいうべき者にやと思へり。

大正一三年一〇月一一日　朝座、雄誥《おたけび》やや暫く出でざりしが、此日再び之を発す。只一声のみにて家人其他を驚かさず（注・同日に統一中、すさまじい雄誥を繰り返したため、近所中が大騒ぎとなった）。

同一三日　背後に倒ること三度、飛び上ること三度にして気鎮まり、霊体を認む。烏帽子黒衣の馬上行列にて打続くをみて、その内の正神《まさかみ》を拝せんと祈念する内に、広顔にして宛《あたか》も絵像の大国主神の如き笑顔を拝すると同時に醒《さ》む。

同二一日　朝座、（中略）此迄《これまで》になく清々しく、自から霊界に入るの感ありて、白衣黒衣の霊体を見るも、乍《たちま》ち消ゆ。（以上、前出『霊素発輝』より）

修業の進歩は著しく、さまざまな予知が働くようになった。しかし道斉は満足できない。たまたま大正一三年夏、静岡の長澤氏について鎮魂法を学び、大本の出口師や友清師の先輩にあたるという若林老師が、自宅に近い西宮に在住し、鎮魂法を授けていることを知った道斉は、やもたてもたまらぬ思いに駆られて訪問したのであった。老師を審神者とする初の鎮魂帰神においてたちまち一霊が名乗りをあげた……、霊いわく、「われは大和畝比《うねび》に住したるイワヰヌシ」であると。

老師は〝イワヰヌシ〟を相当な高級神とみて、あの手この手でその霊統と正体を探るが、いっこうに判明しないのであった。それどころか七月一日の鎮魂の時には老師を〝若林若林〟と呼びすてにするばかりか鎮魂論争を引き起こし、気合の掛け合いを始めるしまつとなったので、老師も業を煮やし、

「此者《この》に高き神の懸《かか》ります筈なし、去れ！」

と命令したところ、激しい取っ組み合いになったのであった。

こうして、ようやくめぐりあった師とも気まずくなるのである。が、道斉は〝イワヰヌシ〟が邪霊であるとはとても思えないのであった。彼は記している。

「ヤマズミ、山尾神、フルミタマ、サヨツヒメ、アキツヒコ、ムスヒノカミ等、さまざま名のりを異にせらるる共、余が心に感ずる処は、終始一貫更に変る事なく、又屢々《しばしば》霊眼又は夢中に現われますは、白髪広顔にして笑《えみ》を含まるゝ様は一貫して変ることなし」

——そして三年余がすぎ、昭和二年の一二月一二日、謎の霊〝イワヰヌシ〟の正体が明かされる日がやってきたのである。それも、かつての大本教の幹部、後に日本心霊主義を開拓した先駆者・浅野和三郎みずからの審神者によって。

「吾は道臣」、今日は余の再生の日

その日に先だつ一一月一三日、道斉は所要のため大阪の中心街である梅田にでかけた。梅田新道まできて、思いたった彼は近くの露天神《つゆてんじん》に参拝したのである。奇しくも同神社の社務所において同日、浅野が主宰する「大阪心霊研究会」の月例会が開かれていたのであった。浅野氏は斯界の有名人、自分は単なる一鎮魂修業者……、しかし、イワヰヌシ霊の正体を知るにはこの機を逃してはあるまい……。が、無念にも、浅野とは対面できたものの、社務所にては鎮魂ならず、答は一二月一二日に持ち越されたのであった。

一二日朝、神戸御影町上田源三郎氏宅。威儀を正して対面するふたり、両者の眼光は鋭い。道斉の思いいれと、初対面以来「この荒深なる者の霊能はかなりのもの、加えて身辺にただよう霊気は背後にひかえる霊の、ただ者ならぬことを語っている……」と感じていた浅野の期待があいまって、初冬の座敷は時ならぬ緊張と興奮に満ちていた。

「では始めます」

と浅野。手印を結び、黙って冥目する道斉。

〝ひと〜ふた〜みぃ〜よ〜……〟

厳しい朝の冷気を震わせながら浅野の放つ神招歌の言霊が、その座敷を異次元の空間、神庭《かむにわ》に変えていった。やがて待ちかねていたかのように道斉の頭がうなずく所作をした。すかさず問を投げかける浅野。

「何様《どなたさま》でありますか」

「吾、イワヰヌシ」

「イワヰヌシと白《まお》さるゝは、いかなる神でありますか」

「吾、神山所威余彦火々出見命《かむやまといわれひこほほでみのみこと》に仕えて、道臣《みちのおみ》と白すは吾事《わがこと》ぞ」

ついに出た！　イワヰヌシとは神武天皇に仕えていた道臣霊の別名であったのだ。一時間にわたって神武時代の状況について質疑応答を繰り返した後、この日の鎮魂は終わった。

「大本以来、数万の憑霊現象を調べたが、いまだかつて数千年前の高級霊に会ったことがない。明日、速記者を交えて再実験願いたい」と興奮気味の浅野。道斉も同じであった――。いままでは一〇分程度の憑霊でも疲労しきっていたのに、今日は一時間に及んだのに何の疲れもない。審神者の技術差は大きい。それにしても一回の鎮魂によって霊統が判明したのは嬉しい――。

その日、道斉はつぎのように日誌をしめくくった。

「実に今日は、余の再生の日とも云うべき日なり」

吐き出された膨大かつ驚愕の霊言

この世に名乗りでた道臣の勢いはものすごく、その日以後、大量の霊言が吐き出されたのである。日本の始まりが一七〇万年前にさかのぼること、その後の民族の動き、そのときどきの大事件、道臣の先祖と子孫のこと、神武時代に天皇は今の関西、ヤマトに住んでいたこと、神武東征のいきさつ……。その話題の幅広さ、ユニークさには驚嘆の外なかったという。

あふれ出る古地名、人名、古代日本語の断片など、固有名詞の驚くばかりの数は国語学者を超え、一介の町人、道斉には理解すべくもなかった……、つまり、すべての物語が道斉の作り話とはとうてい思えないのである。道臣霊はしばしば自分の家族についても笑いを交えて語ったが、霊言によれば彼は二度結婚し、五人の子をもうけたという。ちなみに、藤原鎌足は彼の一九代の孫だという。

それだけではない。さまざまな問答のなかには科学や衛生問題、当然ながら言霊や霊学、歴史に関するものも含まれていたのである。たとえば、冥王星の外側にさらに小さな三つの惑星があるという霊言、約三万年前の敷島根御世の半ばには〝天翔り速船帆張り〟という〝飛行機のようなもの〟があっ

たことなど。(10)

その後、道斉は定期的な鎮魂の座を持つとともに、できる限り各地を訪ねて神代遺跡の捜査に努めた。道臣をはじめ、多くの神霊からの教示によって、彼は日本国の歴史が一七〇余万年前に始まっていることを確信し、有史以前の日本民族を「天孫族」と呼び、その天孫民族が残した文化を表象すると信じられる〈巨石建造物〉をつぎつぎに発見したのだ。それは天津《あまつ》神籬《ひもろぎ》（天神の降り所）と呼ばれ、日本各地に分布しているのみならず、海外のドルメン、ストーン・サークルなども神籠である、と断言している。(11)

……ところで、本稿の冒頭において私は、六甲山ロックガーデンにおける巨石との出会いを記したが、今こそその謎が解ける時なのだ。その巨石と出会ったころ、私は荒深道斉のことについて一切予備知識はなかったのである。ところが、その後道斉の仕事を知るに及んで、彼が巨石文明説を主張している書物の中に、つぎの文章を発見したのである。

道斉の著にあのロックガーデンが！

「昭和一二年八月、神永亘氏（鉄道技師）は六甲東麓剱谷《つるぎだに》に不思議に穴や巨石があるから一度見にきてくれとの事で、著者は九月一日初めて剱谷の探査に赴いた」

その結果、一行は驚くべきことに、第一日目に〝天文石（星座を刻んだ石）〟を一石と、多数の古墳

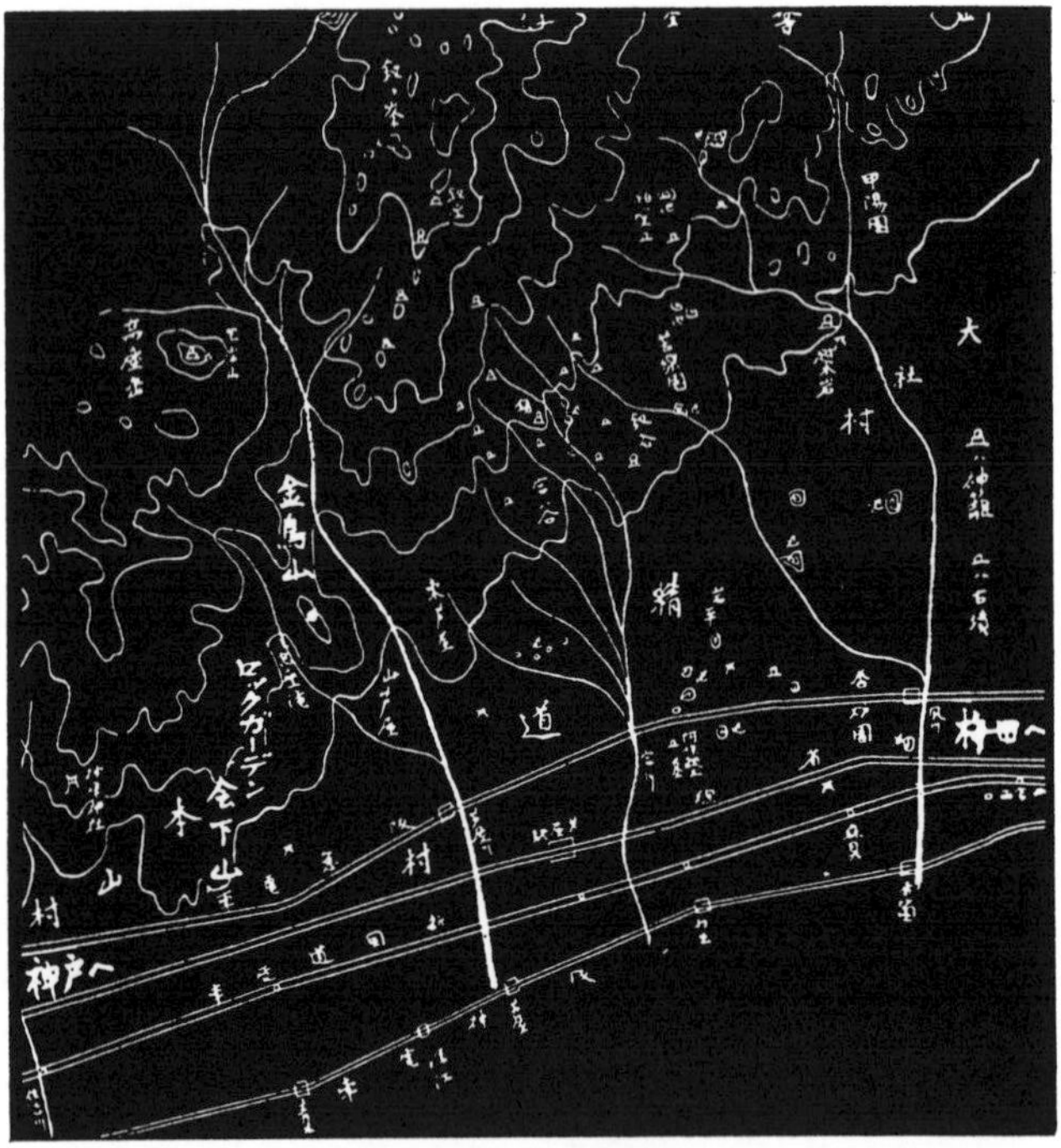

図１　道斉が著した六甲山遺跡地図の範囲内に、ロックガーデンも含まれる（金鳥山、ロックガーデンなど太字の地名は編集部加筆）

を〝発見〟したというのだ。以後探索は計七回にも及ぶが、第三回目には〝八咫鏡石《やたのかがみいし》〟を、第五回目には剱谷の西隣宮谷において「三百メートル以上の嶮峻なる山腹に累々として築造せらるる大古墳及山頂に累々として並んでいる多数の神籬を発見」したと記している。

何とも信じられない記述である。

道斉の著になる『挙て磨け八咫鏡』の第一〇図は「六甲山東南麓、神代遺跡地」にあてられているが、そこには四〇余の神籬と古墳の位置が示されている。そこには、驚くべきことに私が巨石と出会った高座滝川上流のロックガーデンが含まれているのだ！

ただ、私が発見した巨石は該当する地点に描かれていない。道斉一行は、この巨石を見逃したのであろうか？ しかし、問題のロックガーデンは剱谷や宮谷と極めて近い位置にあるのだ。うろ覚えの記憶の糸をたぐると、巨石の表面には〝絵か文字〟のようなものが見られたのであるから、それは、道斉が主張する「日文碑（古代日本文字を記した碑）」なのかもしれない。

それだけではない。武内裕氏が古史古伝に類するものとしてあげている『カタカムナ文献』の発祥の地もまた、この地図に含まれる範囲に存在しているのだ。その地点は、道斉一行が大量の超古代遺跡を見いだしたと主張している「宮谷」と、私が巨石を見つけた「高座滝川」の間にあるのだ！ その地点――芦屋川上流の左岸にある〝金鳥山〟において、カタカムナ文献の発表者である楢崎皐月《ならさきこうげつ》は昭和二四年ごろ、同文献を入手しているのである[12]（図1）。

心霊的次元の証明「六甲山は八咫鏡」

これはいったい何だ、と叫びたくなる私に対して道斉は、その著『挙て磨け八咫鏡』の中に（しかも昭和七年に）こう答えている――「六甲山は古蹟の展覧場にして国民の認識を高めしむる八咫鏡である」――と。

まだある。高座滝川の西へ一、二本の谷をやりすごした山の中腹に「会下山《えげのやま》遺跡」がある。

これは弥生時代初〜中期の広大な遺構で、多くの住居跡が発掘されている。この標高二〇〇〜三〇〇メートルの山腹になぜこのような住居群があったのか、諸説が唱えられている。

ところで私は、山行中にこの遺跡の存在に気づき、一九七八年から七九年にかけて「超能力による会下山古代探険」プロジェクトを実行したのである。数人の霊能者を遺跡につれてゆき、弥生式住居跡の上で精神集中をするように求める。そして調査用紙に記された〝当時のこの地区の住民数は？〟〝当時のことばと文字はどのようであったか〟、また、〝使われていた道具類を図解せよ〟などといった質問に対して彼らは、過去解読超能力をもって答えるのである。

結果は瞠目《どうもく》すべきものであった。詳しくは私の著『サイ・テクノロジー』(13)をごらんいただきたい。人間には過去を〝読む〟能力があるらしいのだ（超心理学でいう後知現象である）。

この後知実験に参加した霊能者のうち、ふたりが〝弥生時代の文字〟をスケッチした。

ところで、道斉の昭和三年八月二七日付の日記には「夜、夢中神字を悟る」とある。睡眠中に、夢ともうつつともつかぬ状態で〝神字〟を「これだ！」と感じつつ見たのだ。私の被験者たちが〝霊視〟した字と、道斉が見た字を図2に掲げる。似ているどころではない、同じ文字が出現しているのだ。もちろん、霊能者たちは道斉の業績について、いっさい知らない。

この不思議な一致はいったい何を示すのであろうか？

以上記してきた六甲山にまつわる、私〜道斉〜楢崎皐月〜私の実験に参加した霊能者たち、四者の時間的にも状況的にも異なった体験群が、ピタリ、六甲山のある特定地域が〈有史以前の日本歴史の重要地域である〉という一点で一致しているのはどういうわけなのか？　まさしく、超古代研究における〈心霊的次元〉の存在を証明しているのではないだろうか。

古史古伝の真贋を探る問題点

六甲山の大遺跡を発見して以後、道斉とそのグループは、今度は、全国的規模で超古代遺跡の探索を行なったのである。その足跡は北関東から中部、近畿から鹿児島に及び、道斉は「（これらの）山岳荒野を跋渉して、相当に天孫思想の面影を見た」のである。何しろ数万年前の遺構であるから、残念にも平地の遺構はほとんど破壊されつくしており、主として山岳地帯に探索の手をのばす外なかった、と道斉は嘆いている。

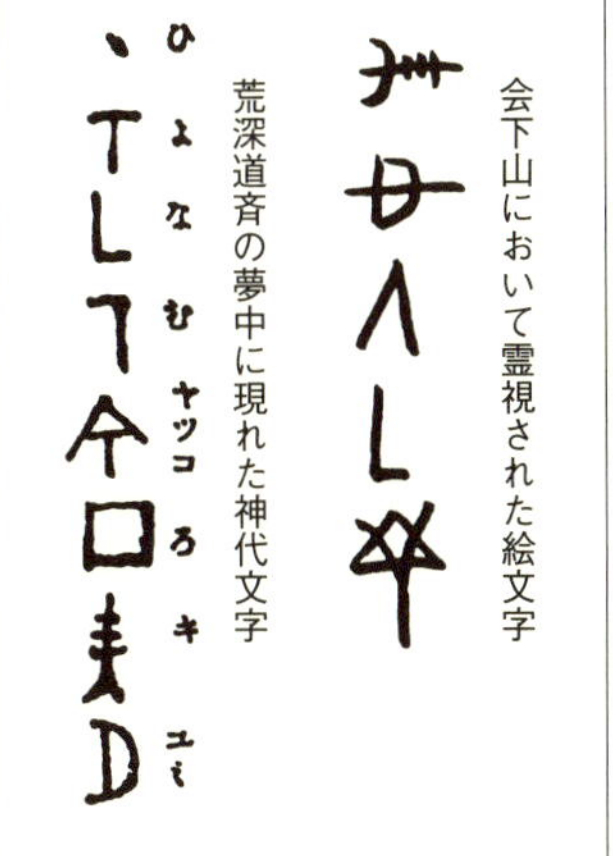

図２　奇妙な一致を見せる“霊視文字”と道斉の夢に現れた“神代文字”

昭和一四年、道斉は彼が発見した超古代遺跡のすべてを『天孫古跡探査要訣』(14)に発表した。大量のスケッチを含む同書は超古代遺跡を探求する人々にとって、得がたいガイドブックになるだろう。

古史古伝の世界、ある人はそれらの書を〝偽書〟といい、別な人は〝真の歴史を伝える書である〟という。両者が主張することの距離はあまりにも大きい。いまその問題点を簡単にまとめてみると――
(1)文献間における記述内容の矛盾
(2)『古事記』『日本書紀』との一致と矛盾
(3)宗教（神道）的次元と歴史的事実との混在
(4)いわゆる神代文字の出現
――などが直ちに浮かぶのである。

ところで、古史古伝問題に本稿で私が注目した〝心霊的次元〟を加えて考えると、
(1)いつの時代にも出現した霊的敏感者たちが「霊言」や「自動書記（お筆先）」によって残した記録が存在すること
(2)それらの記録物が後世に古史古伝そのものであるとされたり、あるいは古史古伝への混入が起こったりしている可能性
(3)だからといって、それらを偽書である、捏造であると断定するのは不当である
(4)なぜかというと、現代超心理学は人間が過去の事実を読む能力を備えていることを、証明しているのだ。それが霊媒実験のタイプであっても、霊的敏感者の〝透視〟であっても、その形式は関係ない。
――といえるのだ。

さらに急進的《ラディカル》に考えると、歴史というものが、ふたつの局面において織りなされているともいえる。

つまり――

(1)心霊的次元（霊界とか神界）における歴史の流れ、あるいは〝鋳型〟
(2)われわれの世界における歴史の流れ

……このふたつの歴史流が心霊的次元優位型（つまり、霊界にある鋳型とその展開がわれわれ現界の歴史に映ってくる）なのか、まったく別個なのか、あるいは準心霊的次元優位型なのか、現界の歴史的事実が逆に心霊的次元の歴史に映り影響するのか、両者が対等に交流して〝ひとつの歴史〟をつくりあげつつあるのか――。以上五つの仮説のひとつが正しい、と思われるのだ。

歴史の鋳型説について東西の神秘家は口をそろえる。R・シュタイナーは、宇宙に存在する〝過去時間の全事件記録簿〟である〈アカシック・レコード〉から宇宙創生のストーリーを霊読した。同じことはE・ケイシーや他の人々も行なったのである。

さて、東国の神秘家はどうか？　本稿でとりあげた荒深道斉は、アカシック・レコードに相当するものを〈万津古世見〉と呼び、宇宙創生から日本の近代までの歴史を〝歴代天皇〟に焦点をあわせ解読したのである（『忍日伝天孫《おしひのつたえてんそん》記《き》』）。

見えざる運命の手に導かれて

古史古伝の原典を瞥見して私のにらむところでは、『上津文』『竹内文献』『九鬼文献』などに〈万津古世見〉情報の混入が大であるようだ。ここで特に強調しておきたいのは、これらの書に〈万津古世見〉情報が混入していようといまいと、これら成立時代も場所も異なる文献群に「ニニギ朝」「ウガヤ朝」などに関して共通する点が多いことである。また、『秀真伝』は『古事記』以前のホツマ文字による真実の書であるとする、松本善之助氏の論証に敬意をはらっておきたい。氏が『秀真伝』を発掘されるにいたった経緯[16]は、まさに見えざる運命の手を感じざるをえない。そうだ、人生はしばしば見えざる運命の手によって開かれ、閉じられもする。

荒深道斉師の人生は昭和二四年をもって閉じられた。この熱誠あふれる神道人が残した驚くべき記録の数々、それらは吾郷清彦氏も評するように

「文章は古事記様式の古文体にして、甚だ格調高く、すこぶる壮重である」[17]

由緒ある家系をひきつぐ古武士然とした父の薫陶を受け、しかし貧困のため勉学の志固くとも果たせず、さしたる学歴もない道斉、しかし、鈍重にして執拗、熱誠にして冷静、この明治生まれの原日本人が残した記録は重い。

がらがらと崩れる音のする昭和元禄に住む現代人であるわれわれ、古史古伝関係者たちの存在と研究の継続が、官製の歴史学の証拠物件である「記紀」のうえに安全圏を設定する人々へのカウンターであることはまちがいない。その虎の子である「記紀」すらもが〈万津古世見〉の影響を受けているということが、こころある人には明白だというのに。

六甲山における謎の巨石との出会い以後二〇年、必要な時に必要な人と書物を与えられ、ここまで連れてこられた。この一文を読む読者のあなたもまた、ひとつの出会いをはたしたのだ。あなたの行く先を知るものは〈未来古世見〉だけかもしれない……。

参考文献

(1)「偽典解題」武内裕、『地球ロマン』一九七六年一月号、絃映社
(2)『岩屋天狗と千年王国』窪田志一、八幡書店、一九八七
(3)「神字と言霊・コトタマの影を追って」吾郷清彦、『地球ロマン』一九七七年五月号、絃映社
(4)『デマの心理学』オルポート、ボスマン共著、南博訳、岩波現代新書、一九五二
(5)『出口王仁三郎の大降臨』武田崇元、カッパ・ホームズ、一九八七
(6)『神代秘史資料集成』八幡書店、一九八七
(7) Parapsychology-a century of inquiry, Rogo S.D, Dell, 1975
(8)『歴史と現代』一九八〇年夏号
(9)『霊素発輝』荒深道斉
(10)『道臣命、霊示集　第三編』道ひらき本部、一九六四
(11)『挙て磨け八咫鏡』荒深道斉
(12)『相似象』第三号、相似象学会事務所、一九七一
(13)『サイ・テクノロジー』井村宏次、工作舎、一九八四
(14)『天孫古跡探査要訣』荒深道斉
(15)『忍日伝天孫記』荒深道斉
(16)『秘められた日本古代史、ホツマツタエ』松本善之助、毎日新聞社、一九八〇
(17)『日本超古代秘史資料』吾郷清彦、新人物往来社、一九七六

記　さまざまなご教示を頂きました越智史郎先生はじめ先学に深謝します。

※文献(9)〜(11)(14)は復刻版『古神道秘訣』(八幡書店、一九八七)に収録されている。資料協力/八幡書店

第八章　西坂祐瑞師の超常治療〝イメージ手術〟——【西坂祐瑞】

時は昭和の初め、当時、新進の宗教的霊術家として知る人ぞ知る存在であった生福寺住職、西坂祐瑞師は、兵庫県飾磨郡の片田舎にある自宅において、あまりにも長かった闘病の年月に思いをはせるのであった——。

国がようやく情勢を安定させ、未来への展望が語れるようになった大正期、その大部分を彼は、次々と襲いくる病魔と闘いながら過ごしたのである。一日として良い日はなかった。この空も花も鳥たちも自己憐憫をかきたてる存在ではあっても、その生命の尊さにまでは到底、思いが及ばなかった自分であった。自分の周りがまるで暗雲かベールに覆われているようで、楽しいことはほとんどないうえに、こころの中は医者や社会、そして家族、人生に対する不信と怒りに満たされ、恐怖と不安が渦まいていた——。この思いは、長き宿痾《しゅくあ》に悩まされている病人にとって、いつの時代にも変わらない気持ちであろう。

そんな自分が救われたのだ。しかも、医者の手によってではなく、自らの手によって。二〇代半ばにして肺結核にかかり、引き続いて一二、三種にも及ぶ難症が発現し、彼を苦しめたのである。そのほとんどの撲滅に成功したいま、西坂師は一介の僧として、ひとりの霊術家として、世の悩める人びとを救うべく決然と立ち上がったのである。

彼の武器は、彼自身が編み出し体得した治療術の数々——いわく〝六大治療〟、そして〝内臓洗練法〟〝丹田重心法〟、加えて本稿でくわしく紹介しようと思う〝識波による外科手術〟——。筆者が近代的に「イメージ手術」と名づけた驚くべき、そして効果の高い独創的治療法なのである。読者の中で慢性病にかかり苦渋しておられる各位は、ぜひ実行して健康を回復していただきたい。

死に場所を求めて、漂泊の旅へ

西坂師のこころは澄みわたっていた。その救世の熱情は火の玉のようであっても、それはこころの最深部で激しく燃えるばかりで、わずかに眼光の鋭さのなかに情熱がほの見えるだけであったのである。気負いはなかった。

「どうせ何度も捨てた生命やから」

と呟く西坂師。

「世のために捨てるといっても、たいしたことやあらへん……」

縁側のはるか向こうに見える山並を見つめながら、彼は〝内臓洗練法〟の呼吸に入った。精神が統一されるに従って風の音も鳥の声も、ついには自分の気配さえもが遠のいてゆく。こころが内臓のひとつひとつの気配を点検し、光を与えてゆく。さわやかな気分が身体のなかに満ちてくる……。

師の著『識心の威力』（恒生会本部、昭和八年）によると、彼はつぎのような宿痾に苦しめられたという。

一、虚弱体質と孤独癖、自立性と社交性の欠けた性格により苦しむ
二、結核と不眠症
三、胃アトニー症状
四、長期にわたる歯痛と耳鳴り
五、痔疾
六、喉頭結核
七、病歴から来る恐迫観念
八、副睾丸結核（双）
九、下痢（長期）
十、神経痛
十一、その他、軽い狭心症、疝気、肋膜炎

まあ、何とも気の毒という外はない病歴ではある。しかし、それらを要約すると、結核という器質的疾患を軸に、性格と病歴からくる神経的諸症状が展開されたものと見ることができよう。結核について師は、

「大正元年、（貿易の会社に勤務していた）私の二五歳の年の暮に罹患、神戸市北長狭通りの佐野病院に於て一切の手当てと指図を受けていたが、医員の方から〝うまく養生すれば一五年は生きられる〟と聞かされました。（中略）その後職を失い、病苦の上に生活難とも闘わねばならなくなった。そ

の間二回迄も京都の大学病院に入院、さらに東京の北里研究所に志賀博士をお訪ねしたのであったが、にべもなく匙《さじ》を投げられ……」

と記しているから、相当な難症であったとみてよいだろう。その結果、師は、

「ここに於てはもはや此上は人間の力では全くどうすることも出来ない。遂には悲痛極まる死の覚悟を定めて身を雲水に任せ、飄々として死所を求むる身とはなった」

というから、当時の結核に対する死病のイメージと世の偏見が、師を漂泊の身へと駆りたてたにちがいない。

こころの思いによって作りだされた波動

こうして〝世にも忌わしい胸の病に冒されて遂に社会の落伍者〟〝万策つきて天涯に放浪の身〟となった彼は、貨車のような黒塗りの箱車をねぐらとして、日本各地をさまようのであった。糧を喜捨に求め、異形の箱車に雨露をしのぐその姿は、時として子供たちから石を投げられる有様であったという。無所有無一文、病魔にとりつかれたその風貌……。しかし彼は宿病回復を強く願いつつも、こころの底に湧き上がってくる無常の気配を抑圧することはできなかった。人はなぜ、何のために生きるのか？生まれ来たり去る無数の人間と生物の生命たち。はかなくもいじましく生きるわれわれにとって、何が人生の真価値であるのか。だが、追いつめられた天涯孤独、浪々の身でありながら彼は、いつの日かの健康回復を強く望むあまりに、そのような根源的な無常は、外景のなかに見え隠れするばかりで

あった。

大正八年の秋がやってきた。山々が紅葉に覆われてゆくころ、彼は福岡県粕屋郡の平原という所にたどり着いた。そしてどことなしに故郷の山河と似た風光の地を見て、彼は第二回の断食行を実行しようと決意したのである。まさに死を賭けた断食行であった。この地こそが、病と三毒に汚れきった無常の身の捨て場所であると考えたのだ。

彼はただちに平原は、だいまが池の辺りの山中に箱車を据え、決然として一週間の断食に入ったのである。二日が過ぎ三日目となった。前回とは桁違いの苦しさが彼を襲う。口中の渇きに耐えかねて水を飲むと胸がむかついた。手足が抜けるほどだるく、全身倦怠、身体各所もひび割れたように痛み、いてもたってもいられない急迫症状が襲ってきたのだ。「呼吸器病に断食は禁物」という文章が思い浮かぶ――いやもう遅い、自分は死ぬのか。正座することもできず後ろにもたれかかりながら、何気なく、本当に何気なく白隠禅師の「輭酥《なんそ》の術」を行ない始めた。――そして何が起こったか？　師は記している。

「……行なうこと僅かに二、三十分に過ぎないのでしたが、驚いたことに身体の栄気はたちまちにして旺盛となり、にわかに皮膚の光沢を増し、身心の軽快なること恰も別人の如く、（中略）天地豁然と啓《ひら》けて茲に新生命の世界を見出したのであります。私が病弱の故に静坐を始めて以来、その時既に十数年にも及んでいたのですが、その効果を現実に実感することは、実は初めてでありました」

苦悩の現実は一瞬にして天地新生命の世界に変えられた。古来より輭酥の術は、禅修業中の発病や一般の病気に対する治療法として広く用いられてきたという。今日でも自律訓練法に取り入れられている。しかし、西坂師はこの驚くべき体験を出発点として、輭酥の術を古式そのままに踏襲するのではなく、当時流行していた新興の学問である心理学や〝霊術〟に学びながら、独自の治病法を編み出していったのである。

彼の自療法の核心を成すものは、〝識心〟とそれが作り出す〝識波〟にあった。識心とは各自の意識の座、つまりこころのことであり、識波とは、こころの思いによって作りだされた波動なのである。この波動は識心の命ずるままに身体各部に放射され、病患部を治療するというのだ。

白隠禅師が伝えた「輭酥の術」

「輭酥の術」を知らぬ方のために、簡単に説明しておこう。

白隠禅師がさる老仙より授かったとされるこの術は、つぎのように行なう。身体を横たえリラックスする。さて、頭上にはバターとヨーグルトを練ってつくった鴨の卵大の〝輭酥〟がのっている、と強く想像《イメージ》する。やがて、リラックスの度合いが深まるにつれ、頭上の輭酥が溶けはじめ、そのエッセンスである温く芳香を放つ気味が頭の中にしみわたり、以後、ゆるやかに双肩両腕をくだり乳部に達する。さらに胸部をうるおし、各内臓にしみわたりながら背柱にそって臀部へと降り、最後に足をあたためる――。

何事も練習である。

西坂祐瑞師。闘病時代（右／26歳）と回復後（左／46歳）

往年には〝秘法〟とされ伝授が渋られたというのも、この治病法がすばらしい効果をあげるため、安易な取り組みを恐れてのことだと思われる。イメージ形成能力や精神集中力、そして何よりも〝助かりたい〟と思う強い願いなしては、いかなる秘法も効果を生むことはない。世に頭で秘法の数々を知る人は多いが、実践できていない人がほとんどである。必死の願いであるならば、その人にとって秘法は、たったひとつでよいのだ。

ともかく、西坂師の身の上に秘法が機能したのである。その日以後彼は、朝夕に輭酥の法を実修して、元気をもりもりと回復していった。まるで棺桶の象徴であったかのような黒い箱車は無用の長物となりはてたのである。

しかし運命の神は冷酷である。なるほど輭酥の法は身体を楽にはしてくれる。が、一気に結核菌が死滅し罹患部が回復するのではない。秘法の体験は、医薬をもってして治らぬ病が、その取り組みの角度を変えることによって治るという証しであったのだ。つまり、自分の側にある原因——性格や心理、目に見えぬものを敬う信仰——の、点検と改善が必要であったのである。それに加えて、イメージによる手術法の発見と実践など、自療法が完成し完全に健康を回復したのは、昭和三年二月のことであったという。

万事は心の持ちよう一つ

その間に、ふたりの重要人物との出会いが彼の健康と信仰の確立のために必要であったのだ。ひとりは生国但馬の老師、他は、当時大阪で「精常会」という精神修養と治病の会を主宰していた別所彰善医師であった。

大正から昭和の初期を国民医療の面からみると〈霊術家の時代〉と呼ぶにふさわしい時代であった。その詳細は私の日本初研究『霊術家の饗宴』をみていただくほかはないが、昭和五年ごろ、病気治療を業としてさまざまな〈霊術〉を駆使した無資格医療行為業者である〈霊術家〉の群は、およそ三万人にも達していたという。その中には、私が本書第四章で紹介した希代の超能力霊術家・田中守平《もりへい》氏も含まれていたのである。

霊術家の人格と術もさまざまであった。

心理学者の村上辰午郎は心理療法の雄、催眠術師から霊術に転じて良識派ナンバーワンであった清水英範《えいはん》、心理的霊術一本槍を貫いた松原皎月《こうげつ》。そして、本稿の主人公である西坂祐瑞師が薫陶をうけたのは、大阪を本拠地にして〝こころと身体の相関性〟を強く訴え、「生」の根本である〝心身〟と、「常道」の根本である〝経済と道徳〟の理想的な一致を叫び、健康運動を社会改善運動にまでアウフヘーベンすべく挺身していた、別所彰善医師であったのだ。

別所は全国各地で彼がいう「精常への道」を説いた。ところで、西坂師の「病は気から起こるといいますが、これは気の持ちようで病は治るということです」という記述に、別所医師の与えた影響がでているようだ。病気の回復の遅さに業を煮やした彼はある日、大阪の精常会を訪れ別所と会見した。その折りに病患部と悪性格をズバリ見破られたのである。西坂師にとってこの出来事はショックであったのだろう。たちまち別所に傾倒してゆくのだった。

別所もまた妻の難治なヒステリーと自分の神経衰弱症のために長年にわたって苦しみ、医学の限界を思い知らされ、固い決心によって自ら病気を治す方向に足を踏み入れたのだ。この場合の鍵となるのはこころと身体の相関、悪性格と悪想念の改善であった。当時の新聞によると、別所は患者の性格を見抜き、さらに彼が考案した〝気癖表〟を見せながら性格悪癖と症状との関係を、くわしく説明するのである。これによって患者が自分の性格の長所と短所を自覚し、改善への不退転の決意をすれば病気は治り始めるという。また、一種の気分転換法である〝精常療法〟を実施していた。

大阪日報紙、大正二年三月一九日付を引用しよう。

ある女医が家庭の不和を苦にして高度のヒステリーとなった。彼女が煩悶苦悩のあげくに別所を訪れたところ、彼はいとも簡単に「前髪に半年ばかり前から生えた十数本の白髪を認め、それが病源である」と指摘したという。そして記者は記している。
▼患者の女医クンおもわず会心の笑いを洩らし、翌日から女医クンのヒステリー症状は拭うが如くに去った。コンナ不思議な病源の多くは、個人の遺伝的気癖からしてソレゾレ種々雑多な抑圧観念

を生じ、後で考えてみれば実に馬鹿馬鹿しい瑣事の為に苦しんで居るのだそうだ。クヨクヨと不愉快なる日を送っている人は、別所（医）学士に其の原因の明示を受けるが宜しい。記者は、何が故にかく貧乏せるかの病源？　の明示を受けてみようと思っている阿々。

大阪朝日新聞明治四五年四月二一日付は、別所の見解をとりまとめていう。
▼万事は心の持ち様一つで、病気の治療せらるるは医師の薬の力で無く自分の体内の細胞の働きだ、それには腹式深呼吸を行うて物に動ぜぬ、強い意志を養えとて自分の（注・別所自身の）経歴に依り種々趣味のある話をした。
……このようにして西坂師は、輭酥の法によりイメージ形成能力を、別所医師からは自分の気を変えれば病気は治るという視点と腹式呼吸を、そして老師により〝他人を救うことが自らを救う〟という教えを、それぞれ受けとり、彼を直接的に救った「イメージ手術」創案への道を歩んだのであった。

〝イメージ手術〟法の発見

輭酥の法を実行する場合、西坂師は身体の反応に注意して行なった。その結果、漠然と身体の各部に輭酥のエッセンスが浸みこむ様をイメージするよりも、各内臓を上から順に、その部位と形をはっきりとイメージしたほうが効果が上がることを発見したのである。この近代解剖学的な輭酥法に、彼は「内臓洗練法」と名づけた。

つぎに彼は、こころの座である識心から身体各部にイメージを送ると、それがあたかも波動が伝播するように伝わることから、その波動を識波と呼んだのである。

こうして彼は、イメージ手術を発見することになったのだ。

昭和三年二月中旬、ついにその日がやってきた。厳冬のその日、ある葬式に出席した折りに、寒雨の中で二時間あまりも濡れて立ちつくすことを余儀なくされたのである。はたして帰宅後、非常な発熱のため、どっと床についた彼は、食物は口にできず心気朦朧、夢幻の境をさまよい、うわごとを言うことすらあったという。必死になって医者の往診を主張する家人を西坂師は、押し留めながら考えた。悪性の急性肺炎か、それとも内心恐れていた胸部の再び大爆発かもしれない……。

「ままよ、ここまで自療法で治してきたのだ、何をいまさら」

わきあがる不安と高熱の苦しみに耐えながら、彼は識波を胸部に〝閃送《せんそう》〟した。うめきながら、必死の思いで肺部に息を吹きかけること一時間。ふと気づくと呼吸が楽になっているうえに、高熱からくる悪寒がとれているではないか！　西坂師は記している。

「この驚くべき効果に勢いを得た私はいっそう元気づいて、順序を立てて識波の外科的手術を試みたのであります。これが識波の応用を組織的にした最初です」

第一日↓自然な呼吸を行ない、ゆるやかに識波を患部に輸送した。時おり呼気のとき、掌を患部の上におき、うめくくらいの程度で輸送。

第二日〜七日↓反応に注意しつつ、刃物を強くイメージし、そのイメージ波動が肺尖から下部に向け肺臓を貫くように閃送した。イメージ上の刃物が鋭く激しく肺を切り刻むように観念するとともに、内臓洗練法も適時実行した。

発症より二週間あまりたった。その間に熱は下がり食欲も出て平常の状態にもどったので、西坂師は床上げをしたという。まさに奇跡の生還、新生の喜びを味わった彼はこのイメージによる手術法を広く世に伝え、世を救う一助にしたいと強く決心するのであった。

「識波の外科的手術」の実際

それでは、彼のいう「識波の外科的手術《イメージ・サージェリー》」の方法をとりまとめておこう。試みたい読者は西洋医学と併用して、実行してみてはどうだろうか。西坂師によると、神経痛や痛み全般について卓効があるとのことである。鈍痛や不快感にもよい。もちろん、内臓洗練法との併用が望ましい。内臓病にも効果があるというが、この場合、イメージ上の手術具について各自最良のものを見つけることだ。（図1参照）

足の神経痛を例にとって説明しよう。

①患部の上に右の手の掌を当て、静かになぜながら神経の集中をはかる（註・精神集中とは、こころを運んで患部を観ること。輭酥の術で要領をつかんでおくこと）。

②息を吸うと同時に識心を集中、息を吐く動作に移る瞬間、イイッという思いで集中した識心の波動を勢いよく患部の中心に瞬間的に貫通させる。

③②のとき、識心の波動（識波）を鋭い刃物であるとイメージし、その刃物が患部を貫くさまを同時にイメージする。

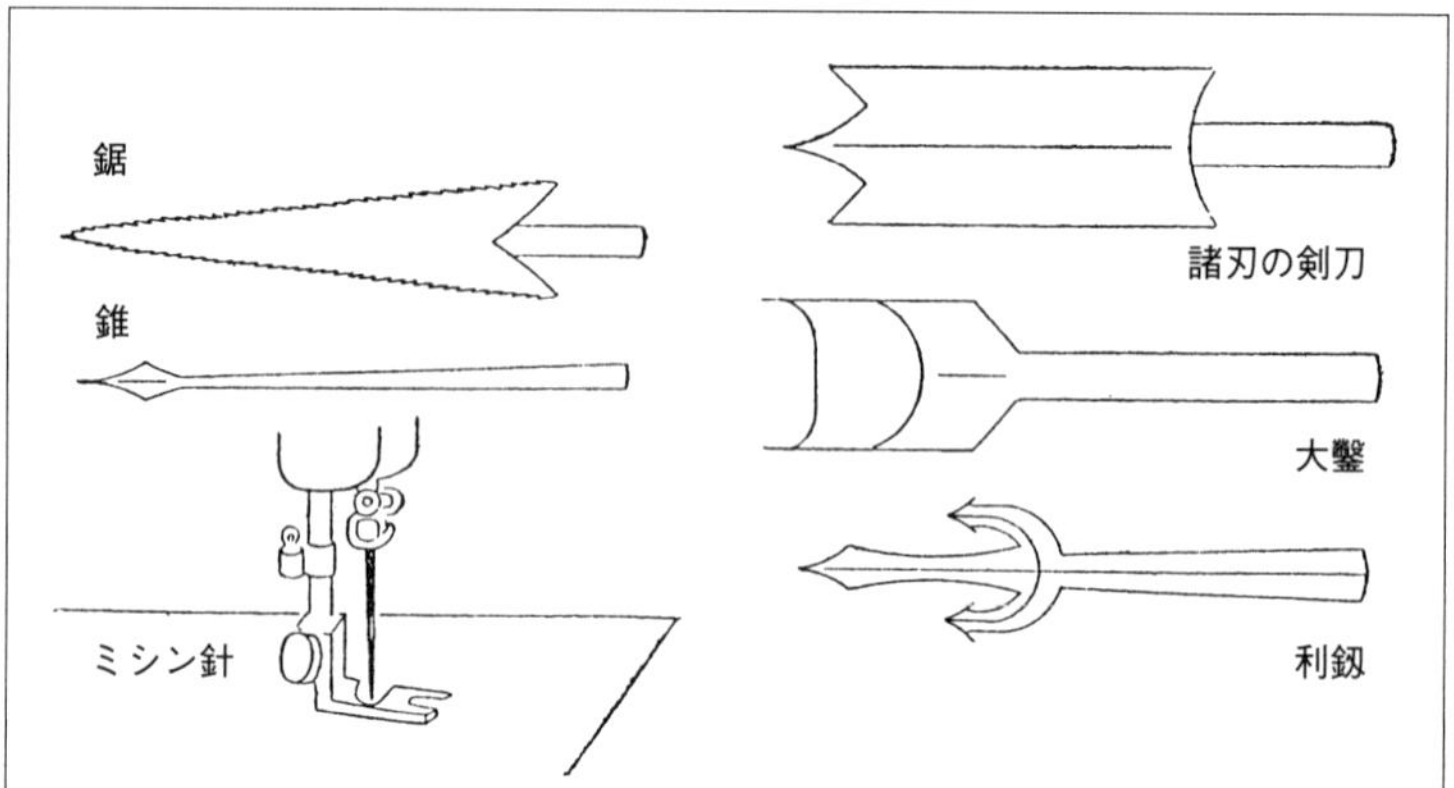

図1 “イメージ手術”に用いる観念上の器具

④貫くとき、拳を勢いよく下げ、イメージと手の動作を一致させる。回数は一〇～二〇回。

〈ノーハウ〉

A、刃物の選択は経験によるが、メスで切り裂き、ミシン針でぬい、ノミで貫くなど。刃物の先端を下に向けること。

B、患部に識波を閃送する瞬間に、そのつど患部を緊縮させる。手の届かぬ所は観念と緊縮を行なえばよい。ただし、関節炎、傷、肺疾患などは観念のみ行ない安静を守ること。

C、簡単な内臓図などにより臓器の位置を知っておくこと。

D、病が重い時は、軽い波動を送り漸次強くしてゆく。

自己波動によって、痛み疝気、そして痔疾などは完全に征服できると、西坂師は言う。しかし、複雑な疾患には次の条件を整えるよう師はアドバイスしている。

①正しい信仰をもち精神生活を豊かにする。

②疾病を理解し、気質と疾病が強く関係することから、気質を改造することによりその根本原因を除く。

③確固とした信念を養い、断固たる信念のもとに療養の方針を確立し、不断の鍛練をおこたらぬこと。

難病痼疾に悩んでおられる方に、筆者もまた回復されるよう祈っている。

海外にもあった〝イメージ手術法〟

最近、海外から送られてきた書物類を点検していて驚いた。

アメリカの超常治療研究家であるB・O・バイブとJ・ウィード両氏の著『超常治療の驚くべき秘密』には、西坂師が提唱していたようなイメージ手術法が、正面きって取りあげられていたからである。両氏は口を極めて治療における〝イメージ〟の有用さを説いたあと、各種の病気について〝手術法〟を詳しく解説しているのだ！　たとえば、コネチカット州の優れた超常治療家《ヒーラー》、H・アーメスの治療体験のひとつを引用してみよう。

「ある夜のこと娘から電話がありました。彼女の友人の夫が右の肩痛に苦しんでいるというのです。すぐに精神集中して心のスクリーンに写ったものを見ますと、肩関節のふたつの骨が合わさった部（骨頭）にクモの巣状の小さなひびがたくさんあることがわかりました。医者は筋肉がつっぱっているといって鎮痛剤を出しましたが、二週間たっても痛みは変わりません。（中略）そこで私は、骨頭をイメージしながら注意深くイメージ上の包帯をしっかりと巻き、固定しました。それから、白色の治療のパワーを照射しました。娘からの報告によりますと、彼の痛みはその夜から楽になったとのことで、事実、私が一週間後に会ったときには治っていました。野球をしていて他の選手と

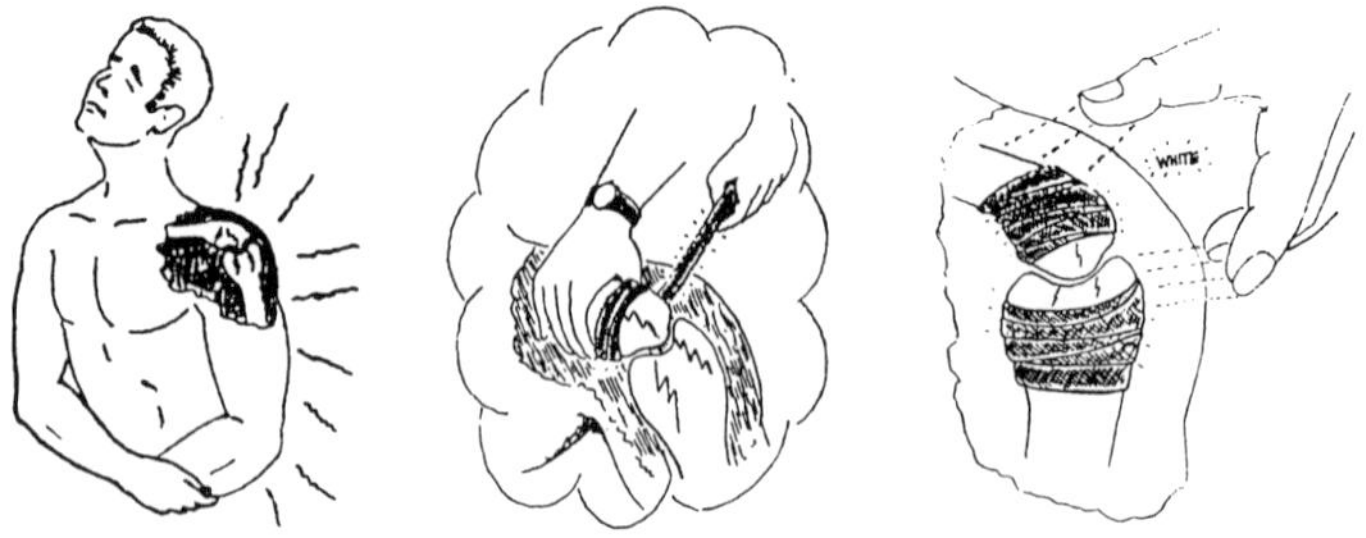
①心のスクリーンに写った患者の患部
②しっかりと包帯を巻く
③白色の治療パワーをイメージによって送信する

図2 『超常治療の驚くべき秘密』より

はちあわせをし、倒れたときに右肩を強打したとのことでした」（図2参照）

この例は第三者に対するイメージ手術の例であり、西坂師も上述の方法で多くの第三者を治療し成功したと書き残している。アーメス女史は第三者の識心の中に侵入し、診断したあと、強いイメージとともに外科的処置を施し、さらに識波を激しく閃送したのであった。その治療効果はここに記したとおりである。

大正〜昭和初期の霊術家の多くは、

(1)手からパワーを送る（という現代中国の外気気功法のような方法

(2)精神一到岩をも貫く的な念的療法

(3)神仏その他の超越的存在に祈る

という主として三つの方法を用いて治療したのである。そしてこの三法は、現代という風景のなかでも依然として用いられているのだ。

だが、本稿で紹介した西坂師の特異な治療術は、伝統をふまえながらも〝現代的〟な治療法であるといえるのである。

イメージの世界へ

現代心理学は、かつての理念的なものから、心的エネルギー説（メスメル～フロイト）や実験を主体とする行動科学的な方向へ、さらに、個人の主観的なイメージ体験やイメージ領域を重視する方向（ユングなど）に向かってきた。夢研究や心的象徴の研究の活発化は、その証拠なのである。また最近、欧米では各民族の医術《エスニック・メディスン》や信仰療法、超能力的治療の研究がさかんになり、いまやその成果の面で、ひとつのピークに達した観すらある。

それらの研究の最大の成果こそが、〈イメージ〉の世界なのだ。デジタル文明もまた欠陥を持っている。宗教などの精神文化やあまりにも要素が多すぎるこころの問題を、デジタルに割り切ることは難しい。数字の文化とこころの文化の橋わたしをするものこそ、イメージの世界であろう。身心相関問題に対する医学分野からの具体的取り組みは始まったばかりである。だが、バイオ・フィードバック技法が、患者の側に成果をもたらすのは、たぶん〈イメージの威力〉のせいである、といってよいだろう。

御多分にもれず多くの霊術家がそうであるように、西坂祐瑞師、この信仰派霊術家であり僧侶でもあった人物の半生は、第二次世界大戦の戦渦の中に見失われていった。しかし、彼が〝自ら〟の病気を治すために行なった苦闘の歳月は、はからずも病気治療の新次元へと彼を導いたのだ。彼は、その秘術を惜しげもなく広く公開し、忘れ去られていったのである。西坂祐瑞師は、ついに道を切り開いたあと、つぎのような言葉を後世に贈っている。

「もしこれが一般へ正しく理解されて医療と共に併せて応用されるならば、今日の治療界に更に目覚ましい進歩をもたらし、あらゆる疾病の苦患から、より多くの人がより完全に脱却し得るであろうことを、如上の厳然たる事実に鑑み、堅く信じて疑わぬものであります」

筆者註・文中引用文はすべて現代カナに改めて使用しました。

第九章　〝裏の医術〟としての霊術——大正から昭和期の日本式気功術師たち——

【村田桑石】

日本人のこころのなかには〝荒っぽくて優しい〟野武士タイプの人物像が定着している。その男は諸国を放浪し、困っている民衆のなかに突然割って入り、危機から救いだす。それからの彼は当然、〝知らぬ間に〟消えねばならない。そうしてはじめて、絵になるのだ。

同じような人物像はアメリカの西部劇にもよく出現する。名作『シェーン』や『ピクニック』の主人公たちはその例であろう。

しかし、日本の場合、それらの男たちは〝野人〟と呼ぶのがふさわしいのだ。無骨さと無邪気さ、それに腕っぷしの強さが必要条件なのである。変に男女関係でベタベタするのは似合わない。その野人たちは男であるより、父親であることが求められているからなのである。つまり、彼らは日本人がこころのなかに抱いている「父イメージ」に合致する人物のことなのだ。

奇妙なことに、父イメージに合致していさえすれば、野人たちの自由奔放な女性関係は軽く是認されるのである。

明治維新以前には、そのような野人は〝浪人〟や〝修験者〟たちのなかにいた。しかし、維新によって超強力な国家権力が登場し、宗教から経済に至るまで、あらゆる分野に行政上の統制がゆきわたったため、浪人や修験者たちはたちまち行き場を失い、その文化的肩書きを失ったのである。武道もまた国家国策に寄与するため、その神秘性が著しく薄められたのである。医学の分野にも大変動が起こった。一言にしていえば、「西洋医学にあらずんば医ならず」である。明治三六年、強力な特権と排他性を秘めた医師法が制定されて以後、医師たちは強力な特権を背景にしていたため、「男を生まば医を学ばしめん、女を生まば医に嫁せん」という言葉が国民の間に語られていたという。

このような時代背景のなかにあって、日本人のこころに秘められた〝野人タイプ〟の人物は絶滅してしまったのであろうか？

もちろん、そうではない。明治人の気質そのものが大なり小なり〝野人〟的であったといえるし、歴代の「紙幣」に印刷された政財界の人物たちは、その代表例である。

そして——、この稿でとりあげようとしている民間療法家、あるいは霊術家や精神療法家といわれる人物のなかに、すくなからず〝野人〟をみいだすことができるのである。

野人霊術家は〝気〟の専門家

かつて私は拙著『霊術家の饗宴』のなかに、そのような野人霊術家を何人かとりあげ、大正～昭和期に西洋医学と拮抗して存在した〝非正統医術〟の歴史的事実を発掘したのであった。この発掘作業は各界に大きな反響を呼び、最近になって〝気合術師・浜口熊嶽《ゆうがく》〟〝霊術大家・田中守平《もりへい》〟らの記事が各誌に散見されるようになったのは喜ばしいことである。これら隠された霊術の系譜は「裏の医術」

「新宗教のルーツ」として重大な意味を持つから、研究の活性化を願っている。

ところで、これらの〝野人霊術家〟たちは強力なパーソナリティと術力を秘めており、彼らが行使したさまざまな「術」は、数年来ブームになりつつある〝気功術〟に酷似しているのである。もっとも〝気功〟という言葉が一般的になったのは本場中国でも近年のことであり、霊術家たちも自分たちの治療術を〝気功〟とは名づけていない。

しかし、病気治療や養生の方法を点検してみると結局、それらはいわゆる西洋医学的な身体の把握にもとづいた物質的医学と、霊的次元の医学、そして気の次元の医学の三種類に分類されるのであろう。霊術家たちは当時それらの中の霊的次元の医学を提唱し施術していたが、実際には、そこに気の次元の医学を混ぜこんでいたことがわかるのだ。

お手あて能力開発講習会

たとえば、後でくわしくみるように、大正末期に数万人（詳しい数字は不明であるが、私の調査によれば二〜三万人である）いたと思われる霊術家たちのほぼ全員が〈お手あて、お手かざし〉療法を売物にしていたのである。現代中国ではこの療法のことを「気功・外気療法」と呼び、著名な林厚省気功医師をはじめ、多くの専門家が活躍している。

ふつう気功術は、次の五つの形式で実践されている。

(イ)体操

(ロ)按摩、導引

(ハ)お手あて、お手かざし
(ニ)呼吸法と念じること
(ホ)武術的な気功

一方、私が当時の霊術文献（『霊術と霊術家』）を分析したところによると、霊術家たちが使っていた治療術は次のようなものであった。中国気功術の内容とみくらべていただきたい。

(1)霊術——三八％の人たち（気合術、霊動術、精神統一法、危検術、祈とう、交霊など）
(2)療術——二一％の人たち（お手あて、プラーナ療法、カイロ整体などの手技、紅療法など）
(3)精神療法——二三％の人たち（暗示、催眠、精神療法など）
(4)心霊系霊術——七％の人たち（心霊治療、超能力治療など）
(5)その他の療法——二％の人たち（精神道徳運動を背景にした健康法、断食、体操など）
(注)、以上のうち(1)の霊動術は中国気功の〝鶴翔庄〟と類似している。

両者に共通する要素の多いことがわかるだろう。だが、現代中国の気功術が数千年にわたる中国医学、民間療法の歴史を背景にしており、しかも政府の肝煎りで発展が推奨されているのに対して、わが国の大正～昭和期の霊術家たちは、あくまでアウトローであり、アウトサイダーであった。突出すればたちまち官憲に目をつけられ、医療制度と技術の不備を背景に、民衆の支持を得ながら悪戦苦闘をくりかえしていたのである。

それでは野人霊術家の治療の実際をみよう。

気合術による驚くべき治療

大正〜昭和年間に「心霊学研究会」という看板を背負っていた村田桑石もまた、野人であり、一匹狼の治療家であった。

気合術という霊術の起源は山伏や修験に求められそうである。維新以後は、浜口熊嶽という大先達があり、村田は熊嶽の弟子ではなく、ほうぼうの霊術団体をめぐっているうちに術をマスターしたのである。当時治療と治療法の教授を行なう団体が雲霞の如くに出現し、ありとあらゆる誇大宣伝によって霊術家志願の男たちを募っていたのである。だから、この道を志した男たちは有名無名の霊術団体をわたり歩いて、〝秘術〟〝秘法〟との出会いを求めていたのだ。

しかし、霊術というものは結局のところ、ある一線を越えなければ治療法として機能しないのである。たとえば霊動術を例にとると、自分にも霊動が生じ、他者（患者）にも霊動が誘発できない限り、治療法としては用いられないのだ。そこで、志願者たちは自分の体質や人格と合致した霊術を自分の〝得意術〟にするようになる。

村田の場合、生来の短気さ、集中力と何よりも声が大きいことによって、気合術師になったのだ。何しろ、丹田に気を集め、「エーイッ」という気合一閃、病気がたちどころに治るというのが気合術のふれこみなのだから。中国では気合い一閃、岩をまっぷたつにする類いの気功術を「硬気功」と呼んでいるが、日本の場合、岩ならぬ病人の病気や邪気を気合いによって〝退散〟させる術なのである。

それはこんなふうにやる……。

大正一一年六月のある日、家具製造職の梅田なる者が仕事中に転倒し、気絶してもとにもどらなくなったという知らせを受けた村田は、他家への往診の予定を変更して同家に向かった。村田は記している――


「患者は無我無中《ママ》で玉の様な大汗を流し全身に電動を起し、ぶるぶる震へて柱に歯牙み付き、患者は勿論、其場に居合はせた大勢の人々は只右往左往するのみで気の毒と言ふより外なかった（中略）聞けば今、（医者の名は信用上省く）某々の二人の医師が立ち合っていたが何か囁き合って、この患者は病院に送らねば手の付けやうがないとて死の宣告を暗示し、脈をとったのみでそこそこに逃れる様に帰って仕舞った……」


……とはいえ、この大病人を病院へ送るどころか動かすこともできない。とにかく気合いを掛けてほしい、という家人の必死の願いに村田はゆきがかり上、気合術を施すことを決意した。

そうと決めると度胸満点の気合術師である。

すぐさま脊髄を調べて故障のないことを確かめると――


「先ず大声を発して大丈夫だ直ぐに治るとドナると、家族は無中《(ママ)》で有難う御座意ますと、平身底頭でその刹那の感情は微妙にして到底言い現すことの出来ない程であった。次にシッカリセヨと一喝を與へて、腰椎の稍々上の重傷局部を押へて臍下丹田に全気力を集注して霊動術を施した」

「然し震動は以前《ママ》として止まらない。そこで一番大声、エイッ、の一喝と共にさあ震へは止まるさあ治ったと気合いを掛けると不思議の様に、すうーっと止った……」

……やがて三〇分を過ぎるころには患者も口をきくようになり、一時間後にはタバコがほしいと言い出したのには居合わせた人々も驚いておった——、とまるで何事もなかったかのように文章を結ぶ村田であるが、われわれはそうはいかない。

私はこの治験例をウソだとは思わない。しかし、気合術というものが何かのひとつ覚えのように〝気合さえかけていれば治る〟類いの術であるとも思えないのだ。文中から読みとれるところでは、村田の気合術は次の要素がくみあわさったものなのである。

(1)現代医学的な〝一応〟の診察技術
(2)言葉による暗示法
(3)簡単な整体法
(4)他者霊動法——患者に霊動を誘導する
(5)気合い術——①気付け的なもの
　　　　　　　②暗示の強化法

しかし、何にもまして村田の気合術を支えているのは、村田の強い人格力と必ず治してやる、治る！

という自信なのである。医者なり治療家が治療を施す際に、自分の治療によって治るか治らないかわからない、といった態度ならば、治るものも治らないだろう。

野人霊術家たちの置かれていた厳しい社会的現実――、法による保護がないどころか、いつ自分が医師法違反によって摘発されるかわからないという不安定な身分、加えて医療技術上の制約もある――、西洋医学と東洋医学という二大医療技術を応用すれば即法律違反となるから、それ以外の〝精神療法〟や〝霊的療法〟〝気の療法〟などといった〈未知の次元〉に療法を求めなくてはならない……。

だが、こうした社会的制約がありながらいつの時代にも出現してきた「裏の医術」の実践者たち――、彼らを支えていたのは自分の術力に対する過大なまでの自信以外の何物でもなかった。奇妙にも、この思いこみにも近い術力への自信が、人間の本来は隠されていた〝治療パワー〟の回路を開いた、とも思えるのである。

この未知のパワー回路は霊的次元のものであるかもしれないし、現代中国を沸きたたせている気の次元に属するものかもしれないのだ……。

人体を結ぶ未知のパワー回路

気功術師が患者に施術する場合、術者の真剣さ、精神集中力が特に要求されるだろう。中国における外気療法（お手かざし）のビデオをみると、術者の真剣さが印象的である。相当な修練を経た気功医師にとっても、治療の一回一回は真剣勝負なのであろう。

大正～昭和期のわが国の霊術家の多くも、手かざし療法を行なっていた。

日中両国の術者の治療方式はほとんど同一であるが、術の成りたちには大きな差がある。中国では、医学的伝統によって外気療法が生みだされたのに対して、わが国の手かざし療法は、明治末に移入されたメスメリズムと催眠術の副産物なのである。モーツァルトと同時代にフランス上流社会を風靡したメスメリズムは、術者から放たれる生物磁気が病人に作用するのであった。

明治末の催眠術大ブームが禁止令の発布によって鎮静したのち、プロ催眠術師（そのほぼ全員が病気治療を業としていた）たちは、催眠術師の看板を下ろし、一夜にして〝霊術家〟〝精神療法家〟へと転身したのである。

かくして、彼らの治療技術は〝気合術〟〝霊動法〟〝手かざし療法〟など、新興の治病霊術に向かったのだった。

一匹狼たちの群、霊術家たちは自己の行なう術の神秘性を強調するため、術にさまざまな名称をつけて、その威力を誇るのであった。

•手かざし療法につけられた名称群

生気霊気療法、霊念治療法、不動式催眠心波術、触手紫光療法、霊子術、霊素放射療法、念射療法、人体ラジウム療法、渡辺式霊気療法、脳理中枢療法、人体放射能療法、放霊療法、霊根興整術……

•精神統一法につけられた名称群

霊息統一法、清水式精神統一法、息腹心調和法、霊統一法、霊悸特殊発露法、黙想法、心源術……

霊術家たちの主張にはひとつのパターンがあった。まず、その金科玉条は——
　成せばなる、成さねばならぬ、何事も
　　成らぬと云ふは、成さぬなりけり

時代性といえばそれまでであるが、このゴリ押しにも近い信念が〝魔術〟を生む世界なのである。この信念のもとに「精神統一」を重ねると「霊の発動」（つまり今日いう念力）がみられる日がくる。その日をもって町中の一介の男が〝霊術家〟に変身するのだ。彼はその日以後、神秘の力、心力、霊の発動、あるいは、次のような未知のパワーを、一喝する口から、あるいはかざしたその手から放つことができるのだ。

・人体を結ぶ未知のパワーにつけられた名称群
霊悸、精気、生気、想像観念、脳理中枢、真霊、神経運動、磁髄　本能力、心王、霊子、霊念、霊素、霊根、綜霊、真魂、霊光線……

大正～昭和の医療界のアウトサイダーたち、彼らは結局、昭和五年一一月二九日発布になった「警視庁令第四十三号」によって取締りをうけることとなったのであるが、ここにその詳細を述べる紙幅はない。

ただ、先に述べたように数万人にも及んだプロ霊術家が存在しえたという事実は、彼らの実施した術がいかにコケおどしの名称に飾られていようと、インチキ霊術家が存在したという多くの証拠があるにもかかわらず、その術に何がしかの効果があったからにちがいないのだ。時には奇蹟的効果すら生じたにちがいない……。

大正〜昭和期に正統派医学者からみれば一顧だに値しなかった男たち（本当、女流霊術家は皆無に近い！）は昭和五年取締令以後、その突出した部分を削り落とされ、ある者は宗教家へと転身し、別な者は〝あたりまえ〟の治療家へと商売がえしていったのである。

しかし時代は変わった。

現今伝えられる中国気功の大躍進のニュースは大正〜昭和期の〝野人〟霊術家の「術」に理解と〝再評価〟の光を投げかけているといえよう。彼らの毒々しい宣伝臭にみちた術が、実は、「気の医術」であったことが明らかにされる日は近い。事実、日中両国の気功術を介した交流が深まるにつれ、驚くべきことが判明した。幾人かの著名な「外気」気功家の証言によると、彼らは日本の霊術家・田中守平の〝霊子術〟を学んだというのだ。彼らは霊子術と中国の伝統を融合して外気治療術を完成させたらしいのである。

霊術界の熾烈なつばぜり合い

霊術家たちをもちあげるばかりでは、はなはだ公正さに欠ける、と思われる向きがあるかもしれない。その意見に賛成だ。この分野を突っこんで研究すればする程、（患者としての）人間の弱さと、（術者としての）人間のしたたかさに驚かされる。私の著書でとりあげた霊術家たちについて、私は彼らの〝人間としての姿〟を描くよう努め、いたずらに「超人」であったなどともちあげることはさしひかえた。

時代性と人間性を抜きにして人間を語ることはできない。そうやたらと「超人」がいるはずがなかろう。優れた霊術家は並はずれた〝信念の人〟なのである。

治りにくい病気にとりつかれた患者は、非常に弱い立場に立たされているし、信じこみやすい。だからこそ医師といえども霊術家といえども〝誠意〟の一言を胆に銘じる必要がある。

大正半ばになると、先達大物霊術家が大量の弟子群を巷に送りだしてきた結果、業界のつばぜり合いも熾烈を極めてきた。霊術家間の中傷がとびかう……、インチキ霊術家がはびこる……、こうして霊術界は短い最盛期を終えることになったのだ。

明治〜大正〜昭和の三代を第一線霊術家として、霊術界のとりまとめ役として活躍した清水英範《えいはん》は、彼が主宰する唯一の業界誌『精神統一』の大正一〇年四月号を、「霊界革新号」と題する痛烈な内容でうめている。

・某霊術家は相談に来た女性に迫るので有名、大変なエロトマニアである。自著は大先輩・天然師のひきうつし。

・某催眠術師の面会料は一円という高額、講習会にいたっては一日の講習時間はたった二〇分！自習ばっかり。この男、自宅に地下室をつくり、男女の堕胎児と男女の性器のアルコール漬けでいっぱいだと！

• 某霊術家はカス本を山程出版している。著書にはお屋敷とグランドピアノの写真をのせているが、実際にはボロ家にオルガンが一台。

これらの暴露を英範はすべて実名（と写真付）で行なっている。新医術としての霊術や精神療法の重要さを思えば思う程、このようないいかげんな術者の存在が許せなかったのであろう。別な稿「霊界に喰わす三十棒」なる激しいタイトルのもとに、英範はエセ霊術家の実名とその手口をまとめあげている。そのいくつかを引用しておこう。

(1)コケおどしの山ごもり↓Sは三〇年、Iは一〇年山にこもったというが、年齢と行状からみて計算があわない。二〇代の人が一〇年こもった、三〇代の人が三〇年こもったなどと信じがたい。

(2)ひる寝の遠隔治療↓遠隔治療とうたっているが、肝腎の治療の時間にはひる寝をしている。患者の自己暗示に期待しているにすぎない。また、とうてい重病人には無理な体操を指示する者がいる。

(3)放縦ぶり↓カバンひとつで地方の寺にのりこみ施術所として借りる。夜にまぎれて逃げ、後は料亭でドンチャンさわぎ、しかもそれもツケ。

(4)いかがわしい広告↓術にけったいな名前をつけてコケおどしする。たとえばFは、電話催眠を話電催眠、文書催眠を書文催眠などという。誇大治験例でいっぱいの雑誌を発行する。

清水英範ら良識派霊術家たちは国会請願をくりかえし、「精神医師」なる新分野の医療資格の認可を夢みて努力していたのであった。一方、エセ霊術家の暗躍もまたとどまるところを知らず、ついに英範らの夢は潰えてしまったのだ。

大正～昭和、あのガンコ者の父親たちがいっぱいであった時代に、ひととき開花したかにみえた神秘の次元、治療パワーの世界がいま、中国からの気功術の上陸によってよみがえったのだ。しかし、この記憶には上述したような伝えられることの少ない陰の部分もまた含まれているのである。

もし第二の霊術、気功ブームがくるのなら、過去の失敗への反省と、清水英範のような破邪顕正をモットーとした医療ジャーナリズム、オカルトジャーナリストの出現こそが必須条件であろう。ともかく中国における〝気〟研究の先例からみても、治療パワーの世界が新しい医療の角度になることは確実である。

そのためには、この分野を霊術として扱うことをやめ、医術として扱うその一歩を、今こそ記すべきであろう。

第十章　健康法の黄金時代——近代日本における健康法の成立——【坂本屈伸】

〝屈伸〟は天地万物を支配する

明治四十一年一月二十六日、帝都の隅田川河畔にある水上警察署に異態な男が乗りこんできた。署長と面談したいというのだ。男は国士風。鼻下と顎に黒々とした髭をたくわえたこの男、小柄だが頑丈な身体を紋付袴に固めている。小脇に抱えている風呂敷包みが何か怪し気に見えた。

やがて求めに応じて姿を現した署長に対し、男は「我輩は坂本謹吾《さかもときんご》と申す者であるが」、と話しはじめるや後は滔々《とうとう》たる口調でまくしたてるのであった。話は去る明治三十九年十二月九日、品川沖にて勃発した水兵凍死事件に関してであった。五十余名の水兵たちが分乗したいく艘《せき》かの小艇が千歳《ちとせ》艦に向かっていたところ、お台場附近において折り悪しくも悪天候下の激しい突風に襲われたのである。あっというまに転覆。瞬時にして海面に投げ出された水兵たちは荒波と闘いながら服を脱ぎ捨て岸に向かって、必死に泳いだ。しかし、冬という時節が彼らの希望を打ち砕いた。五十余名のことごとくが凍死——、これが事件の不幸な顚末であった。「……このような大不幸は二度とあってはならぬ」、と腕を振りあげる坂本と名乗る男。〝で、この男、いったい何を言いたいのか……？〟、突然の訪問者に対し、署長はどこで話を制止していいものか戸惑いを隠せなかったのである。

よく見ると、この男の目は鋭いが優しさを宿している。何かの技を体得しているにちがいない滲み出るその迫力――、しかしそれは国士の荒々しさとは異なっている。そんなことを考えながら署長は言った。「それで、貴殿は千歳艦の不幸をくりかえさないためにどうされるというのか？」。

「我輩は柔術家にして水泳教師でもあります。したがって、かような事故を防止するには寒中游泳の訓練が重要ではないか、と思うしだいであります。つきましては、たった只今《ただ》、この時より隅田川の横断游泳を試みたいのでありますが、許可願い度《た》い」。坂本という男、その並々ならぬ決意のほどは伝わってくるが……。しかし危険を伴うその試みを直ちに許可することはできない、と署長が考えたのも無理なかろう。だが、坂本の放った一言、「警視庁、岡田文次《ぶんじ》第一部長の諒解ずみ」、が状況を変えた。準備の都合上、明日ならば、ということで話は結着したのであった。

翌二十七日、坂本は見事にこの寒中游泳を成功させ署長以下署員たちの感嘆の声を浴びたのである。気をよくした坂本は以後三日間、同じ試みに挑戦したのである。三日目ともなると新聞に大きく報道されたこともあって多くの都民が見物に参集した。褌《ふんどし》一丁で隅田川を泳ぎきり対岸に立ちあがった時、群がる観衆から拍手が巻き起こったという。こうして柔術修養道場「修養塾」の塾長である坂本は一種超人として広く都民に認知され、寒中隅田川横断游泳は久しく帝都の年中行事の一つとなったのである。

しかしながら、その内幕はというと、この行事はたやすく行われたわけではなかった。坂本によると厳冬の水中という環境は苛酷そのものであったという。そのため、翌年一月の再挑戦に当たっては、世間でいわれている水中の耐寒法をことごとく試みたのであった。醤油や食塩の湯を飲んで泳ぐ、和服を着用して泳ぐ、油を全身に塗る、睾丸の冷え痛みというがまんできない苦しみから逃れるために睾丸を綿で包む——等々、教えられたことは何でも試した。また、次年の挑戦に備えてありとあらゆる健康法修養法を実際にやってみたのである。鎮魂伝《ちんこんのつたえ》、息吹《いぶき》の伝、朝日を呑む伝、導引法、按摩と按腹、カイロプラクティック、美顔美相法、禅、スタイナッハの若返り法、そして当時流行していた腹式呼吸法やテイコン氏曲直法（体操）、圧迫療法（樋口軍医発明）等々。いく月は過ぎ、隅田川横断游泳の行事は依然として続けられ……、そして坂本独自の健康観とそれにもとづく健康体操も完成に近付いていったのである。

思いがけない出来事によって人生の針路は変わるものだ。

このいく月は柔術家・坂本謹吾を健康法指導者・坂本屈伸に変貌させたのである。

明治から大正にかけて学校において教授されていた体操はスウェーデン体操であった。しかし、この体操は、日本民族の体質に合致しているといえるだろうか。また、健康を著しく増進させ病気の療法としても用いることができ、何よりも習得が容易であること、というぜいたくな条件を満たす健康法はないものだろうか？　時は大正に入り昭和を迎えたその頃、ついに坂本の創案になる健康法である〈屈伸道〉は完成されたのだ。坂本は言う——「私が、寒中水泳を行ふやうになつてから、数々死生の間を出入し、苦心に苦心を重ねた後、遂に此《こ》の屈伸の道を悟るに至ったのである」（『弾力性健康法・坂本屈伸道』昭和四年）。

われわれの内臓といい皮膚といい、生体のあらゆる組織と器官は間断なく屈伸している。草木も寒

坂本屈伸道を実演する屈伸。座式屈伸法（上）と立式屈伸法

い間は屈《こご》み、陽気が暖かくなると芽を出し花を開いていく。すべては一つの道理、〝屈伸〟に帰着するのだ。人の精神もしかり。人として道を完全に行わんとする者は「必ずや当《まさ》に、この天地人を一貫した屈伸道に依らなければならないのである」。

それでは屈伸道の実際はどのようなものであるのか。写真に一目瞭然。坂本の工夫した姿勢通りに身体を〝屈し〟〝伸ばす〟だけのことなのだ。読者も試みられるとよいだろう。一日五～十分間、大切なことは修業の始まりと終わりに〝天地万物に感謝して敬礼をする〟ことなのである。ここまで簡略化された体操もしないようでは、坂本も言うように〝とうてい健康ではありえない〟であろう。

明治期から現代まで、健康法の流れ

昭和二年十一月二十五日、坂本謹吾が工夫に工夫を重ねて完成した屈伸道はついに晴の日を迎えた。

時事新報社講堂において初の発表会が開催されたのである。まず、立錐の余地もない満員の聴衆を前に、渋沢栄一子爵らの名士、東京帝国大学教授にして医学博士の二木謙三、同永井潜らがつぎつぎに壇上に登場して記念講演を行った。最後に登壇したのはその日の主人公、坂本であった。彼は屈伸道の説明と実演を披露したのである。こうして屈伸道という新しい健康法は華々しいデビューを遂げたのであった。

ところで、この小文の冒頭に坂本屈伸道をとりあげたのは、この健康法の創案からデビューまでの実際が、昭和初年から同十年ごろにわたる健康法の黄金時代に簇生《そうせい》した同種の数多くの健康法の成立事情を例示するためなのである。この時代、坂本の背後には新種の健康法をひっさげてデビューした多くの小カリスマたちの姿が重なって見える。これらのカリスマたちは後で見るように、新種の健康法を創案、あるいは従来の健康法を改良して新しい形態に組みあげるや、各界名士の賛同やお墨つきを得て続々とデビューしていったのだ。それらの健康法の多くはその後の歴史のひだの中にのみこまれ消え去ったのであるが、いくつかは現代にも生き残っている。たとえば、〈西式健康法〉〈玄米食による食養法〉などはこの〝健康法の黄金時代〟に完成された二大健康法といえるであろうし、現代においてはプロにのみ施術を許された〈指圧〉は、かつて明治から昭和初期にわたって工夫された健康術の一つであったのだ。

亡び去ったもの、現代にまで長く生命を保っているもの、表面上は亡び去ったかに見えるが他の名称の健康法の中に吸収され生き残っているものなど——健康法や〝術〟は明治以前からいつの時代にも民衆とともにあった。それは時代を映しだす鏡の一つであったのだ。この鏡には、各時代の「思想の動向」と「医学の水準と様態」とそして「行政の対応」が三つ巴になって織り出す医療の断面が映しだされているのである。戦前の昭和期から広く用いられるようになった「民間療法」という言葉は、体制側が制定した医療法規に含まれていない〝療法〟群を指すのであり、健康法や健康術、呪術的療法をその内容にしている。ちなみに、この一文で用いる健康術という言葉は体制の許認しない医学のシステムを用いた健康法で、しかも一つの体系をもっているものを指し、健康法というのはそれよりもずっと単純なものを指すと理解されたい。

ところで、明治期の健康法は二期にわけて考えられるであろう。

第一期は極端な話、日本の有史以来明治にいたるまでの治病に関する知の集積であり、その内容は、①呪術的療法、②薬草療法、③その他の理学的療法、の三方向に分類されるであろう。また、第二期は第一期の民族の底流的な健康法をふまえつつ、明治政府の強引な西洋医学のみが唯一正当な医学システムであるとする政策を反映した科学的、および〝疑似〟科学的な健康法の時代として把握できよう。そして、つづく大正期は、科学のゴリ押し政策に対するカウンターとしての精神的、霊的健康法がその主流を占めるのである。さらに昭和に入ると、精神的霊的健康法の行き過ぎに対して行政が強力に介入した時代となった。その結果、健康法は、①新宗教（当時は類似宗教という蔑称で呼ばれた）に逃げこんだ精神的霊的療法の部分と、②プロ治療家の担う療術的治病法の部分、および③素人（一般人）にも実践可能な健康法、という三つに分裂せざるを得なくなったのである。

今日、「健康法」という言葉でくくられる領域には、この③の部分を大部として①や②の部分が混入していると見てよいであろう。本書に登場するさまざまな健康法とその秘伝を実践する前に、以上述べてきた健康法史ともいうべき角度を理解しておくべきである。この基本的な健康法史さえ心得ておけば、現代健康法に作用している中国医学や海外の非正統的医学などの外来的要素がきわめて明白に判別でき、いたずらに〝奇跡視〟することによって生じやすい重大な病気の見落としや、適切な時期に適切な医学検査や治療を受けなかったための手遅れなどの、不幸な事態が回避できると思う。

呪術と薬草健康法から科学的健康法へ

さて、それでは日本の健康法の原景ともいえる明治の健康法についてみておくことにしよう。

本稿のような角度の文章がかつて一度も書かれたことがないように、明治までの健康法の内容とその歴史的変遷を記した成書は皆無である。それというのも、明治政府以来の西洋医学導入政策がそれ以外の〝医学〟を迷信視し、抑圧と排除の対象にしたためである。「民間療法」という言葉には、その歴史のあったことだけは頭から否定できないため、実際に応用しても効き目が曖昧であるという意味合いを込めて〝死にもの〟扱いをするニュアンスが強い。しっかりとした体系をもつ西洋医学とくらべて幼稚で迷信的だとする蔑視も当然含まれている。これらの理由から、研究者のアプローチも及び腰となる。医学者（特に医史学者）の取り組みはとても消極的で、したがって民俗学者や宗教学者が取り組むことになるが、いかんせん彼らの医学的知識は乏しく、そのアプローチは表面的にならざるを得ないのである。

このような閉塞的状況をつくりだしておきながら、西洋医学はすべての病気に対して治癒の保証を与えてくれない。癌ひとつとっても、その治療法はおろか原因すら明白にされていないのだ。しかし治りにくい病気に冒《おか》された患者はいつも切実な局面に置かれており、不確かな民間療法に対して奇跡を期待せざるを得ないのである。そして時としてトラブルが起こるのだ。この種のトラブルは西洋医学側があらゆる民間療法について偏見なき研究を敢行し、その白黒をつける日までつづくであろう。

こんなわけで明治期までの治病術や健康法のほとんど大部分は消え去っていった。その中には癌などの難病に有効な治療法が含まれていたかもしれないのに……。時おり、××大学で民間薬草療法で用いられる○○という薬草を研究したところ、新しい抗癌成分を発見した――、などというニュースを聞くことがあるが、それも早晩聞けなくなるだろう。民間療法の伝統は日、一日と消滅に近づいているのだ。

そんな中、かつて（昭和五十一年）明玄書房から刊行された各県の民間療法についての全集は貴重な文献である。この全集は各県の民俗学研究者を動員して実地調査を行った結果報告なのであり、各県分とも、①祈願・祈禱・呪いの療法、②民間薬療法、③家畜の民間療法、④物理的療法、⑤その他（衣食住の禁忌俗信）という五区分から構成されている。この全集の内容は明治期までの健康・治病術の内容をある程度伝えていると思える。しかし、その後の広範囲な調査は行われていないし、もしたった今行われたとしても、昭和五十一年当時よりも民間療法の伝承者は激減し、ほとんど皆無に近いであろうから、調査そのものの意味はないに等しいであろう。こうして数千年に及ぶ日本民族の知と実践の遺産である民間療法の底流は明治政府の政策が期待していたように、絶滅に近い状態にある。明玄書房の出版した文献をはじめ、明治から大戦までの間に出版された文献群だけが、太古からの治病術についての伝統を、実践上のノウハウ抜きでかろうじて伝えているのだ。

文献によると、明治までの医師（当然、多くは漢方医である）や治療家（鍼灸、骨つぎ、その他の療法家）たちの大部分は特権を付与された職業人ではなかった。医師にならんと志す人々は、たとえその人が庶民であってもよかったのだ。要は医家に弟子入りし医術をマスターしさえすれば、全国どこででも〝開業〟できたのである。ただ、医家は人格者であることだけは最重要の要件であったと思われる。また、医家ではなくて、医術を〝心得た〟人々も多く街中や村々に住みついていたのである。彼らは金銭の授受を前提に医を施していたのではなく、街や村落の人々に生活の保証のみを与えられて医を与えていたのだ。日々の食材と盆暮れの供米《きょうまい》によって生活し、その日常は風流人さながらという、そのような人々が庶民の健康を支えていたのである。

また、どこの村落にも父子相伝的に医を心得る村人がいた。その人は男子であれ女子であれ、別な生業をもちつつ、あるいは人の母として村人に医療を授けていたのだ。

さらにもう一人、山伏や修験が村落の堂宇《どうう》や行屋《ぎょうや》に滞在、あるいは住みついて村人に呪術的療法を施していたのである。彼らは定期的に修験の山に入り修行を行って霊力を高める一方、薬草などの薬材を入手して村に帰ってきた。この宗教と医学の中間に位置する人々は、有名社寺の「護符」や自らが発行した「御守」や「護符」を治療手段として病人に授与したり、秘密の呪術療法を記した「切《きり》紙《がみ》」にもとづく加持祈禱を行ったりしていた。そして多くの場合、薬草や鍼灸などの手段も用いたのである。

幕末になると、庶民が神になる例が続出した。その主な人として天理教祖・中山みき、黒住《くろずみ》教祖・

黒住宗忠、金光《こんこう》教祖（金光大神《だいじん》）・赤沢文治《ぶんじ》（のちに川手文治郎）、らが挙げられるであろう。そのうち、中山みきは〝お授け〟という治病的行法を信者たちに広め、黒住宗忠は〝日の出礼拝〟をきわめて重要な行法とした。〝お授け〟は明治末以降に大流行したお手当て・お手かざし健康治病術の先駆であったように思えるし、〝日の出礼拝〟は幕末から明治にかけての初の庶民向け〝健康法〟であったようだ。

しかしながら、漢法医家、医を心得る人々、医をたしなむ村人、とそして山伏と修験たちが幕末までの医を実践する人々の大勢であることはまちがいなかった。そして、これらの人々もまた維新という民族はじまって以来の大きなハードルを越えることを余儀なくされたのである。医師法が施行されるにいたって、漢方医たちは一代限りという宣言を一方的に下された。漢方を本流の医学とは認めない。しかし西洋医の免許を取得した医師だけが漢方の臨床を行うのは自由である、というのが政府の方針であった。このような施策のため、漢方は大きく衰退し、その口伝的な秘術の多くは失われたのである。医を心得る人々とたしなむ村人もまた、医師法という網をかいくぐってのみ人助けが可能という立場に追いこまれた。山伏と修験はもっと悲惨であった。「加持祈禱禁止令」によって医療活動を禁止されたばかりか、宗教者としての自由な行動すら制限されたのである。

これらの事情から、漢方や薬草に関する断片的な知識と医を心得る人々の治病上のノウハウ、修験が独占していた「切紙」の秘術など、多くの治病的技術のこま切れ的知識のすべてが「民間療法」の中に何の脈絡もなく放り込まれたのである。一方、西洋医学と科学の威風堂々とした大行進は、あらゆる分野に〝科学的〟であることを要求した。精神や霊性にかかわる事柄ですら科学を装わない限り、その存続が危ぶまれたのである。そして、民間療法の中にも西洋医学の切れっ端が混入するようになったのである。

ここに以上記してきたことを例証する文献の一つがある。それは明治二十五年一月に発行された『東洋奇術新報』という雑誌である。

同誌冒頭の「社告」に言う。

「本誌は現今各地に於て伝授と称し秘伝と唱へ徒《いたづ》らに陳腐無効の偽法を以て巧《たくみ》に誇大の広告をなし世人を誑《あざむ》き謝金を貪る奸商猾奴《かんしょうかつど》を掃蕩滅盡《そうとうめつじん》し真正確実に殖産興業済生《さいせい》治病の新法奇術を簡易に廉価に一般同胞に普知せしむるの目的にして（以下略）」

ここに述べられている「済生治病の新法奇術」というのは要するに民間療法のことなのである。本文、記事の中からいくつかを摘出しておこう。

・頭髪の縮みを直す新法＝倶利私林《グリセリン》四十匁、芫菁丁幾《げんせいチンキ》二十匁、安母尼亜《アンモニア》五匁、薔薇水《しょうびすい》三十五匁、安爾格児《アルコール》（四十度）九十六匁、以上を順和混合し瓶に入れ密栓し貯《たくわ》うべし（中略）此薬は髪に塗りし後一時間にて自然と乾くものなり⇒西洋医学的の例

・切疵《きりきず》の治法＝黒ささげ、あかざ右二品等分黒焼にして練り付くれば甚だ妙なり⇒医をたしなむ村人の知恵の例

・眩暈《めまい》を治する法＝灸点として百会《ひゃくえ》、風門《ふうもん》、前項《ぜんこう》、厥陰《けついん》を用いよ⇒鍼灸術の応用の例

また、『東洋奇術新報』誌との類似内容を収録している『通俗万宝全書』（明治四十一年）には、やはり漢方的、西洋医学的民間療法が混在しているばかりか、修験の「切紙」に由来する療法も収録されている。再び例示する。

・犬にかまれたるを治する咒《まじない》＝かみたる犬の毛を三筋計り取て疵口に付べし。奇妙にいたみをとめ早く治す

・虫くいばの痛みを治する咒＝紙に指の大きさほどに「虫是江南虫　郤レ来湌二吾歯一　釘在二椽頭上一　永世不レ還レ家」但しかくのごとく二行に書くべし。かくいかにも少（ママ）さく書き畳んで七重にし鉄釘にて虫といふ字の頭を柱の高き所へ打付おき猶又此《この》文を七遍唱うべし

このように明治末期の民間療法は、体制から切り捨てられた治病法を収容する装置であったとともに、西洋医学的民間療法を混ぜ込むことによって科学性を装ったのである。このような行き方は、明治末期以降につぎつぎと名乗りをあげた新しい健康法のメニュー、「呼吸法」「静座法」においても同様であった。たとえば杉田雲南が工夫した〝深呼吸法〟を概述した彼の著作のタイトルは『実験　呼吸静座法』（大正六年）なのである。〝実験〟という言葉をもって科学性を強調し、医学博士をはじめ各界名士による体験談によって飾られた同書であるが、本文中でこの手の呼吸健康法の思わざるルーツを明かしてしまっている。第四章「深呼吸の学理及実験」の最後に貝原益軒『養生訓』、平田篤胤『医道大意』、択善居《たくぜんきょ》『病家須知《びょうかすち》』、白隠《はくいん》禅師『夜船閑話《やせんかんな》』のそれぞれ原文を掲げ、この種の健康法が江戸時代の武家の養生法にあることを白状しているのである。

そう……、先に述べた医の担い手たちの用いた医術の他に、道教儒教に由来する〝不老長寿の養生法〟もまた、明治期の健康法にとって古くて新しいメニューなのであった。この事情は現代も同じだ。「気功」術は古代道教の養生法なのだから。

大津復活の著『現代強健法の真髄』（大正七年）には杉田雲南の健康法と同種のものとして、「二木

式腹式呼吸法」「遠山博士深呼吸法」「岡田式静座法」「藤田式息心《そくしん》調和法」「凝念《ぎょうねん》法」「川合式強健法」などが解説されている。そして、大津はこれらの〝呼吸法〟〝静座法〟が科学的であると強調する一方、精神や霊性の話を持ちだし、その最終章に「精神と肉体との関係」と大書して、ありとあらゆる健康法は〝精神の偉力〟を実感し発揮し、〝豁然大悟《かつぜんたいご》〟するためにある、と力説している。

つまり、明治から大正期にかけての健康法の世界は科学主義の蔓延、物質至上主義に反発するかのような精神至上主義の色彩を強めていくのであった。このなりゆきは当然のことであったと思われる。科学史を自ら築いていないこの国に、ある日突然「科学」が投げこまれ、それに対する服従を迫られた上に権力による法的強制力を背景に政策が遂行されたのであるから、精神史をつむぎ出す無意識は強烈な危機を感じたのにちがいない。科学的であるということは精神の産物を軽視する態度につながる。精神とは単に大脳の一作用にしかすぎないという感違いにはじまった科学導入政策は、一方において奇妙にも国家神道の推進という政策と対になっていた。しかし、この図式《スキーマ》を採用したからといって精神の産物（たとえば宗教）の関係者や伝統的技術の担い手たちが納得するはずはない。たとえば、かろうじて存続を許された仏教と諸派神道のいくつかはよいとして、その他カトリックなどの外来宗教や民間信仰、幕末の新宗教等はこの断罪を甘んじて受けるわけにはいかなかった。

こうしたものの中に、儒教的、道家《どうか》的精神観とその技術（医学、健康法）、及び神仙的、超能力的な人間能力の分野なども含まれていたのだ。ちなみに、精神的なものを軽視する政府の施策は現代でもほとんど変わっていない。ひところ話題になった西野式呼吸法の流行は明治から大正にかけての岡田式静座法の大流行の再来であると思われ、現代人の精神と「気」的なものへの渇望を表明している。

また福来友吉博士の念写インチキ説を流布することによって超能力の存在を"公的"に否定したことにしたにもかかわらず、その否定が科学的な反証実験によってなされたものではなかったため、現代にまで問題は真に解決されたとはいえない。その証拠に「科学は超能力を認めない」といくら大規模教授が叫ぼうと、その論拠は科学至上主義の精神に由来しているのであるから、説得力は薄いように思われる。それどころか、さきごろ〝優秀な〟エリート科学者の集団が超科学と宗教を信じて重大な宗教事件すら起こしたではないか。どうやら、人はいくら科学教育を施されようとも物質と物質主義のイデオロギーだけでは生きていけないらしいのである。ヨーロッパ文化は科学と霊的なものとの巧妙なアマルガム（合金）なのだ。科学教育を強要、洗脳したところで問題は解決しそうにない。こんな単純な〝真理〟を無視して強行された科学至上主義の導入政策のひずみは、いったいいつになったら解消されるのであろうか。このひずみは科学教育の強化にもかかわらず、占いやオカルト志向の増大を示す社会現象にみられるように年々大きくなってきているようである。

民間療法といい宗教や超能力問題といい、科学的にみて正しい大量の実験や研究をほとんど行わず単に無視するだけ、という対応によってこれらの問題に対して免疫のない人々を無数に生み出しているのだ。今後いっそう宗教やオカルト、民間療法がらみの被害は拡大しそうである。その責任をとるのはいったい誰なのであろうか？　単に加害者を罰し、オカルトや突飛な健康法を紹介する雑誌や記事を批判するだけでは問題は何も解決しないのだ。大衆のニーズなしにはそれらの雑誌や記事はありえないからである。

催眠術から霊術、そして健康法の黄金時代

さて、科学的健康法と明治以前の治病術の折衷というハネムーンは短い期間に終焉した。科学的健康法が奇跡の生起を封じ、単なる本流医学のプロパガンダに終始していることに庶民は幻滅を感じたのである。それから以後の健康法は「催眠術」をめぐって、二つの方向に終息していった。そのことを述べる前に明治期の精神史に重要な影響を与えた催眠術に一言しておかねばならない。

『變態心理』誌大正九年十月号に掲載された「明治当初の催眠術界」によると、日本初の催眠術士は医師の馬島東伯《まじまとうはく》であったといい、彼は明治二十年ごろから催眠術を用いてさかんに病気治療を行っていたという。重要なことは、催眠術が〝人身操縦術〟のように見えることから、世にいう神秘のすべてを説明し再現できる術のように思えること、及びこの術を用いることによって単に心の病いだけでなく、ありとあらゆる病いを精神と暗示の力によって治せるという主張がされたことである。いずれにせよ催眠術の本邦導入によって、わが国（及び東洋の国々）の底流に存在する精神と霊性の優位が〝科学的〟に証明された、と信じられたのである。

こうして科学の急激な進捗によって生じた物質優位主義に苦々しさを禁じ得なかった思想家や一部の医師、華族たちは催眠術支持派にまわり、この術の普及に大きく寄与した。何事にでも〈効き目〉を求める国民性を反映して、催眠術の学理が充分に論じられる以前に、催眠治病術や健康法、催眠教育法、催眠相場的中法といった効き目の部分が誇大妄想的に喧伝されたのである。

ともかく、催眠術の大ブームはつぎの二つのブームに継接されていった。

①霊術の台頭＝前述の抑圧された伝統的治病術、特に密教的宗教が含む呪術と催眠術がドッキングして、一見近代的な装いをもった宗教的治病術の体系である霊術が誕生した。創始者は国学者・桑原俊郎（号・天然《てんねん》）である。

②腹づくり健康法のブーム＝催眠術によって確認された精神優位の事実を踏まえて、〝腹〟をつくることによって変身し、病気を駆逐し心身を改革する方向の健康法が誕生した。具体的には「呼吸法」「静座法」などがその代表選手である。

①の霊術の方向は開祖・桑原天然の夭折の後を受けて登場した「太霊道《たいれいどう》」主元《しゅげん》こと田中守平《もりへい》による精力的な普及活動によって爆発的なブームを形成していった。守平は時の寵児、かの大本教と拮抗しつつ太霊道帝国の樹立を目ざしていたが、昭和三年、享年四十三歳にして急死したため、その野望は潰えたのだった。注目すべきことは、太霊道は〝霊子術《れいし》〟の普及をめざしただけでなく、古今東西の健康法を教授していたことである。『太霊道講授録』（大正五年）第三巻によると、「温熱療法」と「冷却療法」の二つを合わせた〝反熱療法〟、「深呼吸法」「食養法」「大食療法」「水治療法」「乾浴療法」「精神療法＝プラナ療法＝気の治病術」「塩水浴療法」をはじめ二十七種に及ぶ民間療法を講義していたのである。したがって、守平亡きあと太霊道はたちまち霧消したにもかかわらず、受講者たちの多くは独自の看板をかかげて、あるいは霊術家として、また健康法指導者として治療家としてのプロ業務をつづけたのである。

この霊術の方向は当局の医師法違反事件としての追求が急になるにつれ、駆逐されていった。こうして非正統的医療の担い手たちは三度、看板の書き換えを迫られたのである。彼らの新しい看板が類似宗教の教祖と療術師、および健康法指導者であったことはすでに記したとおりである。〔なお、明治以降の精神史と超常的治療術の変遷に興味ある読者は拙著『霊術家の饗宴』をごらんいただきたい。桑原天然、田中守平らの伝記と術の内容を詳述しておいた。〕

……そして迎えた昭和、法の規制を受けにくい〈健康法の黄金時代〉がついにやってきたのだ。今日でも全国的な組織をもつヨガの実質的な本邦初の紹介者である中村天風を開祖にする「天風会」、独特な血液循環学説にもとづく西勝造を創始者に戴く「西式健康法」、中井房五郎《ふさごろう》の「自彊術」、野口晴哉《はるちか》「野口法」、今日マクロヴィオティックの名のもとに全世界的な広がりをもつにいたったといっても過言ではない桜沢如一《じょいち》の「食養、無双原理」等々、——すべての団体はこの時期に産声をあげたか、あるいは飛躍的に普及したのである。これらの事実から、この時代を健康法の黄金時代と呼ばずしてどう呼べばよいのだろうか？

その他、ここに記しきれない多くの健康法が誕生し人知れず消え去っていった。筆者は明治以降の非正統医術の系譜と内容の吟味という研究を二十有余年行ってきているが、健康法（と術）について記したのは今回が初めてである。そのため過去に収集した数十冊の文献を参照したが、それらに記述されている健康法はまさしく古今東西のありとあらゆる健康法を網羅している。その内容は〝心霊から〟〝気の療法〟〝精神療法〟〝薬草療法〟〝陰茎増大法〟〝無薬整体術〟〝断食療法〟〝足心道〟〝紅療法〟等々、ここにその名称のすべてですら紹介しきれないほどである。

ないのは「痩身健康法」ぐらいとは、まさしく健康法は時代のニーズが生むを地で行くようなものだ。

――しかしながら、西洋医学と東洋医学、それにこんなにまで多くの健康法にとり囲まれながら、なお時代は〝新しい〟健康法を生み出す。そして、それらの健康法を信じたがゆえに救われる人も出るし、逆に大枚を巻きあげられて何も効かなかったという人もいる。健康法が蛇の穴の入口であることさえあるのだ。この現実からいえることは、これらの健康法や民間療法を迷信視し無視するだけでは何も解決しないということである。その不毛な方向を踏襲するのではなく、どの健康法が何にどこまで効くかという研究こそが必要であると思うのだ。同じことは超能力の現象についてもいえる。

こう記している間にも、民間療法を用いて治らぬと宣告された病気が治ったという人と何も効かなかったという人が出ていることだろう。一つ言えることは、治病にかかわる「精神」の関与の問題である。また同じ健康法を用いながら人によって効き目が異なるのは、向き不向きがあるという経験則によって説明できる。その民間療法が安価にマスターでき、自分に向いているものであれば習得するがよかろう。しかし、妙に高額な金銭を要求されたり自分に合わないと感じたなら、勇気ある撤退を敢行することだ。あなたにはきっと他に適切な健康法や民間療法があるはずである。ところで、人として生きていくためには誰もが無病でありたいと願う。しかし、一生の間何の病気もしない人間は皆無に近いはずだ。

病気をしてはじめて人間なのである。

だから病気を敵視することなく、その病気が何を教えているかを冷静に考えてみることも必要ではないだろうか。逆に病気に負け、のみこまれると病気は重くなる。あせって自分を誤った方向に導かぬよう注意することだ。病気を冷静かつ客観的に見ることが正しい治病術の第一歩なのである。

もう一つ、ほとんどの人間は病気によって死ぬ。しかし、死にいたる病気を経験するのは一生のうちただの一度である。ほとんどの病気はその一度の病ではないからあせらないことだ。

初出一覧

第一章　呪術から霊術への道　『別冊歴史読本』第19巻26号、一九九四年七月（新人物往来社）
第二章　幻の霊術家群像——大衆とともに歩んだ霊術家たちの素顔　『歴史読本』臨時増刊、一九八五年九月（新人物往来社）
第三章　清水英範と霊術家の時代　『オカルト・ムーブメント』一九八六年（創林社）
第四章　新宗教と超能力の原景に迫る　『Az』2号、一九八七年一一月（新人物往来社）
第五章　古神道行法と霊術——霊術でソフト化された昭和の鎮魂帰神法　『別冊歴史読本』第20巻4号、一九九五年一月（新人物往来社）
第六章　大霊能者の黄金時代——心霊科学の鬼才、浅野和三郎研究　『Az』9号、一九八九年八月（新人物往来社）
第七章　荒深道斉の有史以前研究への超心理的アプローチ　『別冊歴史読本』第18巻24号、一九九三年一二月（新人物往来社）
第八章　西坂祐瑞師の超常治療〝イメージ手術〟（原題「霊術家・西坂祐瑞師の超常治療〝イメージ手術〟の威力」）『Az』6号、一九八八年一一月（新人物往来社）
第九章　〝裏の医術〟としての霊術——大正から昭和期の日本式気功術師たち　『Az』4号、一九八五年五月（新人物往来社）
第十章　健康法の黄金時代——近代日本における健康法の成立　『別冊歴史読本』第20巻33号、一九九五年八月（新人物往来社）

井村宏次（いむら・こうじ）
大阪・十三生まれ。立命館大学法学部、関西外国語短大英米語学科、明治東洋医学院鍼灸学科、それぞれ卒業。鍼灸・東洋医学臨床歴30余年、その間に英・米・欧人を含む精鋭の後進を育て日本式伝統鍼灸術を伝えている。「気」と「サイ」の実験的研究は40年に及び、「キルリアン写真」の分野では世界トップレベルの研究を行う一方、「気」と「気の医学」の実際をよみうり文化センター（大阪・千里中央）などで伝えている。アート・フォトグラファー、音楽評論家（クラシック・ロック・エスニック）、アート評論家としての顔ももち、自らもアート製作を行う。著書に『新・霊術家の饗宴』（心交社）、『サイ・テクノロジー』（工作舎）、『宝石＆貴石 神秘力活用マニュアル』『チベットの守護石―天珠の神秘力』『予言と超予測』『オーラ能力開発法―オーラ・テクノロジー』（ビイング・ネット・プレス）など、訳書に『ウィーンからの魔術師 A・メスマーの生涯』（春秋社）、『聖女ヒルデガルトの生涯』（荒地出版社）、『ガーデニング風水』『聖ヒルデガルトの医学と自然学』『癒しの医療 チベット医学 考え方と治し方』『カラー・セラピー 色彩の神秘力』『スピリチュアル・レッスン』『ソースにつながる呼吸法』（以上、ビイング・ネット・プレス）など多数。

霊術家の黄金時代

2014年5月1日 初版第1刷発行

著　者　　井村宏次
発行者　　野村敏晴
発行所　　株式会社 ビイング・ネット・プレス
〒252-0303 神奈川県相模原市南区相模大野8-2-12-202
電話 042（702）9213
FAX 042（702）9218
装幀　　山田孝之
印刷・製本　　株式会社シナノ

ISBN 978-4-904117-97-2 C0014

井村宏次　著・翻訳書

ビイング・ネット・プレス刊

【著　書】

『チベットの守護石――天珠の神秘力』　定価＝本体1800円＋税
メノウで作られた不思議な文様が描かれた天珠は、古代からチベットの人々のお守り石として身につけられてきた。その歴史と効用を解き明かす初めての書。

『予言と超予測』　定価＝本体1700円＋税
マクモニーグルやジュセリーノなどの予言を検証し、経済恐慌、第3次大戦、地殻変動、テロ、アメリカ、イスラム、中国、北朝鮮、ロシアと日本の将来を大胆予測。

『オーラ能力開発法――オーラ・テクノロジー』　定価＝本体1600円＋税
オーラを見るための訓練法、生気とオーラの発現能力開発法、オーラの人間関係学など、オーラ・気・キルリアンのすべてを紹介する。

【翻訳書】

『聖ヒルデガルトの医学と自然学』　ヒルデガルト・フォン・ビンゲン＝著　井村宏次＝監訳　聖ヒルデガルト研究会＝訳　定価＝本体6000円＋税
名著『フィジカ』の本邦初訳。ホリスティック医学の原点。植物・元素・樹木・石・魚・鳥・動物・爬虫類・金属の全512項目の薬効と毒性と利用法を詳述。

『癒しの医療チベット医学　その考え方と治し方』　タムディン・シザー・ブラッドリー＝著　井村宏次＝監訳　山元謙一＝訳　定価＝2800円＋税
インドに生まれ現在英国でチベット医療を実践する医師による、臨床例豊富なチベット医学の書。解剖学・生理学・診断法・治療術等伝統医療の智恵を詳述。

実践講座6『スピリチュアル・レッスン――ヒーリング・パワーを目覚めさせる』　ジャック・アンジェロ＝著　井村宏次＝監訳　山元謙一＝訳　定価＝本体2200円＋税
癒しと自己実現の98のエクササイズ。チャクラを開く・エネルギー場を感じる・波動調整・オーラスキャン。

実践講座16『ソースにつながる呼吸法――セルフ・ヒーリング・ハンドブック』　ジャック・アンジェロ＝著　井村宏次＝監訳　八木さなえ＝訳　定価＝本体2000円＋税
大いなる源とのアチューンメントにより霊的力を補充し、幸福と調和、心の清明さ、ストレスからの解放、ポジティブ思考……心と身体のバランスを調える。